菊池省三

365日の言葉かけ

…てる最高の教室

菊池省三・菊池道場大分支部 著

明治図書

はじめに

　25年前に，「コミュニケーションで子どもを正す」というテーマをいただき，関東で行われたあるセミナーで講座をもたせていただいたことがあります。「育てる」ではなく「正す」という言葉が印象に強く残っています。当時は荒れた学校で，悪戦苦闘しながらコミュニケーションの実践に明け暮れていました。そんな私のことを気にかけてくれていた方からの依頼でした。

　コミュニケーション力を子どもたちにどのように身につけさせるか，といった指導意識が強かった私が，「子どもを正す」ために言葉をどのように意識して使うか，といったことを考え始めるきっかけにもなりました。

　本書は，その当時の考え方も多少色濃く出ているので「強い思いの言葉かけ」に違和感をもたれる方もいるかもしれません。しかし，「言葉で育てる」という菊池道場の芯となる考え方のスタートでもあった時代の言葉でもあるので，「言葉で人間を育てる」という思いは当時も今も変わっていません。

　本書は，私が担任していた教室や飛び込み授業等の実践を通して，「この言葉かけで子どもを育てることができる」と確信した言葉を集めたものです。それも，1時間の授業を成立させる言葉かけを意識して集めたものです。全国のどの教室にもあるであろう授業場面を限定して取り出し，その場面に合った具体的な言葉かけを例示しています。そうすることで，開始から終末までの1時間の授業の指導のポイントがつかめると同時に，安定した授業が成立するはずです。

　「菊池省三365日シリーズ」も4冊目になりました。今回は，菊池道場大分支部の先生方の全面的な協力でできあがりました。大西一豊支部長を中心に，メンバーが一丸となって丁寧な原稿検討を繰り返してくれました。「正す」という強い思いと，コミュニケーションの「楽しさ」が感じられる「言葉かけ」集になっています。本書を活用していただくことで，凛とした中にあたたかさのある教室になることを願っています。

菊池道場　道場長　菊池　省三

目次

最高の教室をつくる
言葉かけ

「規律と楽しさ」のある
学級をつくる言葉かけ

　全国で飛び込み授業を行っています。多くの感想を先生方や子どもたちからいただきます。

　先生方からは，以下のようなありがたいお言葉をいただきます。

　「先生の授業で子どもたちが，たったの1時間で大きく変わりました」

　「普段見せないあんな笑顔・表情を見せるとは思いませんでした」

　「先生の言葉かけひとつでみるみる成長していく姿に驚きました」

　「先生の授業は，スピード感がありあっという間に引き込まれました」

　「菊池マジック」といった言葉を耳にすることもあります。その理由の多くは，私の発する言葉かけにあると思います。

　子どもたちからは，

　「先生は，さりげなくその気にさせて授業に参加させてくれました」

　「今までの授業とは違って，私もみんなも笑顔で『楽しい』の一言です」

　「授業が楽しいと初めて思えました。また授業をしてください。お願いです」

　「授業があっという間でした。1時間が15分ぐらいに感じました」

といった感想を送ってもらいます。そう感じてくれる大きな要因に，私の言葉かけがあると思っています。（写真は，中学3年生の授業後の感想です）

規律のある楽しい教室にしよう

　「はじめに」でも少しふれたように，私は，北九州市の中でも「荒れた」

学校に勤務することが多かったのです。それも，前年度に「学級崩壊」を起こしていた教室を担任することが多かったのです。

　言葉で子どもを育てることは，教師の仕事です。私もそうしようと努力しました。その当時は特に，Ｆ（父性）・Ｍ（母性）・Ｃ（子どもらしさ）のバランスで考えると，Ｆの父性的な言葉かけが強かったところはあります。学び合う集団としての規律を育てるためです。例えば，

・話を聞けない人と一緒にいるのは時間の無駄です
・君は名前のない「群れ」なのか。親につけていただいた名前を捨てたのか？
といった言葉かけです。

　言葉を文字にすると父性的であり，「強い」イメージをもたれると思いますが，その子との関係，その場の状況，言葉の調子や口調，表情や態度といった非言語のあり方などを総合的に考えて，子どもの成長に効果があると判断して使っていました。もちろん，本書で取り上げたすべての言葉かけは，子どもや学級の成長を願ってのものです。

　子どもは，元来，明るくにぎやかです。明るさが好きなのです。明るくのびのびとした子どもを育てるためには，教師もそうでなければいけません。

　私は，教師は明るくなくてはいけないと思っています。特に小学校の教師は，子どもが小さいので，教師の性格が子どもにうつるからです。

　ほのぼのとした明るいクラスは，担任の性格がそうだからです。

　先に述べたＦ・Ｍ・Ｃのバランスを考えながら，規律のある楽しい教室にしたいものです。言葉で子ども，学級を明るく育てていきたいものです。

1時間の授業を成立させる言葉かけ

　本書は，1時間の授業を以下のように「分けて」捉えてみました。教師の教授行為や子どもの学習活動の種類別に「分けて」考えたのです。

①授業開始　②話す　③聞く　④書く　⑤読む　⑥ペア学習　⑦グループ学習　⑧授業中の生徒指導　⑨ほめる　⑩叱る　⑪誤答が出た場合　⑫諸活動　⑬授業全般　⑭授業終末

　全国のすべての学級の，毎日の授業でよくある教授行為や子どもの学習活動です。本書は，それぞれの場面での教師の言葉かけを集めています。教師の言葉かけというのは，いってみれば超微細技術です。しかし，それらによって授業の空気は大きく変わります。

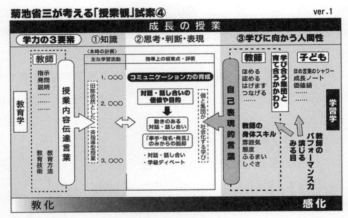

　上の図の「授業内容伝達言葉」「自己表現的言葉」は，教師が1時間の授業で話す言葉のことです。「指示」「発問」「説明」といった「授業内容伝達言葉」や，「ほめる」「認める」「はげます」「つなげる」といった「自己表現的言葉」で授業は行われているのです。それらの言葉（教師の言葉かけ）は，教室の空気を大きく左右するほど重要なのです。

　そもそも，このような教師の言葉かけといった微細技術的なものにこだわり始めたのは，25年ほど前です。当時の1時間の授業を自分なりにふりかえった資料があります。

　少し長くなりますが紹介します。具体的に教師の言葉かけを示しているものもありますが，行為のみを書いているものも多くあります。どんな言葉かけを行っていたか想像して読んでみてください。

●教育技術の常識を疑う
〇以下のような技術をなぜ使うのか？
〇その技術を使うことで，１時間の授業内とその後のその子の成長の２つの面でどのような効
　果や期待がもてるのか？
〇その技術のプラスとマイナスは何か？
〇その技術が生きる場面にはどのような授業・指導の流れがいるのか？
〇他にかわる技術はないのか？
〇あるとしたらそれは何か？
〇その技術はすべての子どもに有効なのか？
〇そうとするならば何をもって判断できるのか？
〇有効ではないその技術のかわりになる技術はないか？
〇そのような技術を必要とする指導場面は他にはないか？

●１時間の中で使った技術
1　一人の子どもとの会話を他の子どもたちに聞かせる
2　誰もが答えられる問題を最初に出す
3　わかったらどうするかを最初に指示しておく
4　集中させる一言を子どもの実態に合わせて話す
5　写真資料等を持って机間移動しながら見せる
6　姿勢をよくするための一言を子どもの実態に合わせて話す
7　最初に子どもの動きをきれいにさせる。手の挙げ方，座り方，話の聞き方，話し方など
8　発言前に「ハキハキと美しい日本語で」と指示をする
9　子どもの心理を読んで先手を打って指示をする。前に出させて「わかった人から戻りなさい」
10　時間の無駄を省き，教師の全員への評価を行う。「３つ書けた人から持ってきなさい」
11　文字の大きさの指導を行う。「自分の握りこぶしぐらいの大きさで書きます」
12　時間の無駄を省き，書き終わっていない子がいても発表させる（黒板を見ればいい）
13　板書の内容を子どもに仲間分けさせる
14　説明は短く。一文は短く
15　活動前に必要な時間を聞き，それよりも短めに与える
16　書けない子には新しい情報を与える
17　教師の板書と同じスピードで書かせる
18　書き終わった子どもに読ませて遅い子どもを待つ
19　よい発言を再度聞かせることによって理解を深めさせる。「拍手の用意」
20　子どもへのほめ言葉の内容と言い方を意識する
21　教師の話す口調に意識して変化をもたせる
22　教師の話す立ち位置を意識して変化させる

23　大きな授業構成と小さな対応力を意識する
24　「この子は必ず〜させる」という個への意識をもち合わせる
25　最後のふりかえりをその時間に大まかでいいから評価する。発表，挙手，相互評価など
26　感想には「指定語」を入れて深まりのあるものにさせる
27　教師の最後の言葉では，内容，子ども全体，数名の個人へのプラスの内容を短く言う
28　よい発言，態度を取り上げ，黒板に書いてほめる
29　子どもの意見だけで進めないで，教師からのプラス情報もつけたす
30　子どもの発言で「説明」を要することはレベルが高いと意識し，それまでの指導の蓄積が
　　ないときは，支援する補助的な方法を用意しておく。選択肢，対話（教師と子どもの量的
　　なバランスを内容や子どもの能力に合わせて変えていく），指で押さえるだけ，第三者とな
　　るお助けマンの活用，など

●スピードをアップさせるために
1　一文を短く話す
2　すぐに授業に入る
3　ストップウォッチを手にしておく
4　擬音語・擬態語を効果的に活用する
5　子どもの動きを細かくたくさん入れる
6　指示→活動→評価を素早く繰り返し行う
7　集中とユーモアを使い分ける
8　「〜できたら」と適度な緊張感を与える
9　遅い子を待たない
10　遅い子，できない子をスピードのある繰り返しの中で育てる

●教師のパフォーマンス
1　指の動き，目線を意識する
2　声の大小，強弱を意識する
3　個を通して全体，いっせいに全体とのかかわり方を意識して使い分ける
4　笑う場面を必ず入れる
5　「失敗」をフォローする思いと技術を心がけておく

●授業展開の工夫
1　座席の移動や形態の変化を計画に入れておく
2　言葉だけでなく資料を必ず活用する
3　誰もが答えられ，広がり深まりが出てくる回答になる発問，指示を用意しておく
4　1つの活動を10分から15分と考え，それらを組み合わせて1時間をつくる
5　その条件として，
　　・誰もが答えられる
　　・魅力のある資料がある

・書く，話す，読む，聞くの活動がある

・結果的に新しい知識，物の見方，考え方，感情が生まれる

・席を動く，形態を変えるなどの変化をもたせる 　　　　といったものを考えておく

●授業中に笑いを生み出す工夫

1　授業最初に簡単な指示を出し，それを笑顔で大いにほめる

「背を３センチ高くしましょう」→「すばらしい」→（教師の笑顔）→「○○さんの笑顔もセットで美しい」

2　失敗を意図的に行い，教師がぼける

3　子どもの失敗を教師がフォローする

「あっ，先生はそんなのが好き」

4　子どもの予想を裏切る

「う〜ん，全然違う！」「早く３つ書きたい人？」「よし，４分59秒！」

5　秘密めいたきまり文句を使って話す

「実は，ここだけの話なんだけどね……」

「そういえば，みんなは知らないと思うんだけど……」

コミュニケーションあふれる教室を創ろう

　子どもの感想から多くのことを学んでいます。初めて会った子どもからです。

> 「楽しかった道徳」
>
> 　きんちょうするかな，と思っていましたが，ぜんぜんそんなことなくて，やさしそうでおもしろい先生でした。きっと，動物の本能的な何かで，いい人だって判断したんでしょうね。気づかせない程度に，目標を立てて，わかりやすい先生でした。また，授業を受けたくなるような，そんな先生でした。
>
> （令和２年６月24日滋賀県湖南市６年生）

　教師を見る子どもの鋭い観察力，直観力に驚かされます。

　数日前に，ある地域の学校が「４年生以上を教科担任制にした」という報道がありました。数年後には，全国に広がるのでしょう。

　現在，私は飛び込み授業をしています。その飛び込み授業について，「どんな教材資料を持っていこうか」「どんな授業展開にしようか」と以前から

考えていたことに加えて，「どんな空気をつくろうか」ということが重要になってきたと講演等でもよく話しています。

　小学校にも教科担任制が広がることで，そのプラスされた３つ目の「どんな空気をつくろうか」という教師の構えの必要性を感じています。子どもたちは，各教師を本能的に見極めるはずです。いくらチームで指導体制を整えたとしても，以下のような力を教師が意識して身につけなければ，教師間の「差」が大きく開いてしまうはずだからです。

　それは，教科領域の内容を「主体的・対話的で深い学び」に向かわせる教師の指導力です。具体的には，教師の以下の３つの力です。

・パフォーマンス力　　・コミュニケーション力　　・ファシリテーション力

　その中心となるものに，本書で取り上げている「言葉かけ」があると考えます。そして，一番重要なのは，この３つを確かで豊かにさせる子どもを「見る目」です。それは，正解主義，平均主義で子どもを見ないということであり，あくまでもその子の成長変容を援助していくということであり，そのようなかかわりの中で，その子らしさ（自己）の実現を目指すということです。本来あるべき教師の言葉かけについての考え方です。

　このように考えると，これからの授業，指導は「同行共育」であるべきでしょう。教師と子どもがともに自己実現を志向し，学び合い，ともに育つことです。教師は子どもの成長を信じ，「ほめて・認めて・励ます」ことを第一に，共同探求者として援助することです。

　このような指導を繰り返すことで，その子どもがほんのりとわかってくるのでしょう。「子ども理解」の本質であると思います。

　菊池道場は，コミュニケーションあふれる教室を目指しています。教師と子どもをつなげ，子どもや学級を成長させる言葉かけが，本書をきっかけに多くの教室で確かで豊かなものになることを願っています。

〈菊池　省三〉

個と集団を育てる
365日の
言葉かけ

"出席者" を "参加者" に変える言葉かけ
「これは何でしょう？」

 ## 言葉かけのねらい

　授業開始時に子どもたちがざわざわしていたり，手遊びをしていたりして，授業に「出席」しているだけになっていることはありませんか？　こうした空気感を出している子どもたちに「手遊びをやめなさい」や「集中しなさい」という注意は響かないでしょう。また，日頃から注意ばかりの言葉かけだけでは，子どもたちと教師の心の距離が離れていくばかりですよね。

　資料や具体物を示しながら**「これは何でしょう？」**と子どもたちに問うことで，注意の声ではなく，子どもの視線を集め，集中させることができます。資料を示したり実物を見せたりしながら問いかけることで，子どもたちは，資料をよく観察し，教師の問いかけに耳を傾けます。具体物を提示することで，「出席者」だった子どもたちを「参加者」に変えていきましょう。

 ## 言葉かけの場面

　2年生の担任をしたとき，子どもたちは，ミニトマトを一人一株育てることになりました。しかし，水やりを忘れてしまったり，最初は気づけていたような変化を見落としたりするようになってきました。もう一度，植物を育てているという自覚をもたせようと，学年の子どもたちにミニトマトの成長に関する授業を行うことにしました。

　子どもたちが集まり，授業開始のあいさつの後，少しぼんやりとした雰囲気で，下を向いたり手遊びをしたりしている子どもたちが多くいました。数

人の子どもたちとしか，目が合わない状況でした。

> **よくある言葉かけ**
> 「顔を上げなさい。手遊びをやめなさい」
> ⬇
> **個と集団を育てる言葉かけ**
> 「これは何でしょう？」

　私は，**「これは何でしょう？」**と言いながら，電子黒板に画像を提示しました。電子黒板には，オレンジ色の紙が映し出されているだけでした。子どもたちから「え？」「見えん！」という声が上がり始めました。前の方に座っていた数人の子どもが「なんか，点みたいなものがある！」と気づいたので「もう少し大きくしてみようか？」と続けました。

　子どもたちは，ミニトマトを苗から植えたので，ミニトマトの種を見るのは初めてでした。そのため興味をもって，その種の成長を一緒に見ていくことができました。だんだん自分たちが見たことのある苗の姿になり，子どもたちは種の正体に気づきました。最初に下を向いたり手遊びをしたりしていた子どもたちも最後まで集中して学習していました。

　このように1学期では，教師と子どもの縦糸がつながることをイメージしながら，授業での導入から言葉かけを工夫していきます。

〈大西　賢吾〉

全員が前のめりな参加者になる言葉かけ

「これが見えるところまで出てきなさい。
（問い）わかった人から戻りなさい」

 ## 言葉かけのねらい

　授業中，「これがわかる人？」と聞くと，数人が発表します。残りの子どもは，考えなくても誰かが考え，発表してくれて，授業が進んでいきます。極端な言い方をすれば，数人の子どもたち以外は，そこに座っていれば授業が終わります。「誰か」が答える，「誰か」にまかせていてもいいんだ，ということを子どもたちに暗黙知のように伝えてはいないでしょうか。

　教室にいる子どもたち一人ひとりに考えることを促し，一人ひとりが自分なりの考えをもてることや，「わかった！」「できた！」瞬間の子どもの笑顔を見たいと考える教師は多いはずです。

　「これが見えるところまで出てきなさい。（問い）わかった人から戻りなさい」は教室にいる子どもたち一人ひとりに考えることを促すための言葉かけです。黒板の前まで出て，考えたら席に戻るという一連の動作には友達の目もあります。自分だけ残ることに抵抗を感じる子どもは，友達が自席に戻る姿にプレッシャーを感じ，席に戻るために考えるようになります。

 ## 言葉かけの場面

　2年生の教室で，初めて2桁同士の繰り上がりのたし算をする授業をしました。導入で既習の2桁＋1桁の繰り上がりの問題を板書しました。板書し終え，子どもたちに「わかる人？」と尋ねました。授業中，積極的に発言をする数人の子どもたちの手が挙がります。しかし，大半の子どもは，目では

問題を追ってはいるものの，手を挙げる様子は見られませんでした。

よくある言葉かけ
「前に学習した問題です。わからないのですか？」

個と集団を育てる言葉かけ
「これが見えるところまで出てきなさい。（問い）わかった人から戻りなさい」

　私は，別の問題を書いた紙を出し，**「これが見えるところまで出てきなさい」**と，子どもたちに言いました。子どもたちが，紙の前に集まったところで**「わかった人から戻りなさい」**と言いました。全員が座るのを待ってから，「わかった人？」と問いました。全員の手が挙がりました。ここで「考えがもてたら，発表しますよね。考えたら発表。わかったら発表。友達と一緒に学ぼうとする姿が立派です」と全員をほめ，子どもたちの行動の変化を価値づけました。

　子どもたちは，「誰か」が答えてくれる，と他人まかせにしてしまっているところがありました。授業は，教師と数人の意欲的に発表する子どもがつくるものだ，というような意識があったのかもしれません。

　「誰か」にまかせるのではなく，「自分」が考える機会の多い授業にしていくことで，教室の空気も，より学びに向かっていきます。

〈大西　賢吾〉

ほどよい緊張感をもたせ全体のスピードを上げる言葉かけ
「もう，書いているでしょうね？」

 ## 言葉かけのねらい

　教師が黒板に本時の「めあて」を板書し，子どもたちは，それをノートに写します。子どもたちにとっては毎時間のことであっても，「先生，それ書くんですか？」と書き終わった後に聞いてきたり，手遊びをして書いていなかったりする子どももいます。

　私は，子どもたちが教師と同じスピードで板書を写すことで，子どもたちに自分の考えをもつ時間や十分に話し合える時間を確保したいと思っています。メリハリのある授業ができれば，時間を有効に活用できると思うからです。

　「もう，書いているでしょうね？」 は，教師と同じ速さでノートに書こうとがんばっている子どもに合わせ，できていない子どもにほどよいプレッシャーを与え，教室全体にメリハリのある空気をつくることができる言葉かけです。数日間言葉かけを続けることで，だんだん，子どもたちは同じ速さで書くことを意識するようになっていきます。

　子どもたちの教師に対する慣れが出始めた時期に使うことで，さらに学級集団としての成長を期待することができます。授業の導入から，緊張感のある空気をつくり，メリハリのある授業にしていきましょう。

 ## 言葉かけの場面

　6年生の担任をしたときです。めあてを板書し始めたとき，背中で感じる

子どもたちの空気が重たく感じました。鉛筆を出したり，書いたりする音がほとんど聞こえなかったのです。

　そんなとき，どんな言葉かけをしますか？　いつ子どもたちに声をかけますか？

> **よくある言葉かけ**
> **（板書し終わりふりかえってから）「早く書きなさい」**
>
>
>
> **個と集団を育てる言葉かけ**
> **（板書の途中で一度ふりかえり）「もう，書いているでしょうね？」**

　私は，板書の途中で一度手を止め，子どもたちの方を振り向き，**「もう，書いているでしょうね？」**と言葉をかけました。書いていなかった子どもたちは，「はっ」としたような顔をして，急いで鉛筆を持ちノートにめあてを書いていきました。授業開始後の数分の出来事でしたが，言葉かけをした後に，子どもたちの重い空気が薄れていくのを感じました。

　そして，最初から同じスピードで書いていた子どもを見つけ，「さすがですね。先生と同じスピードで書けていますね」と書いている子の行為を認める言葉かけも同時に行いました。

　ほどよい緊張感が，子どもたち全員のスピードを上げ，集団としてさらに成長していきます。

〈大西　賢吾〉

緊張感を生み，授業に集中させる言葉かけ

「読める人は最高の姿勢をします」

 ## 言葉かけのねらい

　子どもたちは，1日の授業時間の大半を座って過ごします。そのため，座り方への意識はどんどん薄まって，机や背もたれに体重をかけるような姿勢になってくる子どもも少なくないでしょう。私は，教室という場で，授業という時間においての座り方は，ともに勉強する友達を意識し，正しく座ることが大切だと思います。教室の空気をつくりだす子どもたちの姿勢を正すことで，より授業に対し緊張感をもたせたいと思っています。

　「読める人は最高の姿勢をします」は，子どもたちに緊張感をもたせ，姿勢を正させることをねらった言葉かけです。

　すぐに学習に集中して参加できる子どもたちには，このような言葉かけは，必ずしも必要ではないかもしれません。しかし，中にはなかなか学習に集中できにくい子どももいます。そんな子どもたちをとりまく場の空気を変え，教室に緊張感を漂わせることで，学級の子どもたち全員を授業に集中させることをねらっています。

　「楽しいから笑うのではない。笑うから楽しいのだ」（ウィリアム・ジェームズ）という言葉があります。これを学習に置き換えると，「集中して学習できるから姿勢がいいのではない。姿勢がいいから学習に集中できるのだ」となるのではないでしょうか。学習に集中できるから姿勢が正しくなるのではなく，姿勢を正しくするから学習に集中できる，と捉え，子どもたちに行動の変容を促しましょう。

言葉かけの場面

　2年生の担任をしていたときのことです。国語の授業でした。授業開始のチャイムが鳴ったとき，子どもたちは，5時間目ということもあり，集中力がきれていたように感じました。体重を机や椅子の背もたれにあずけ，姿勢が崩れていました。足が椅子の上に乗っている子もいました。私は，授業はじめのあいさつの後，おもむろに黒板の左側に「やる気のしせい」と，ゆっくり書きました。

よくある言葉かけ
「姿勢が悪い。きちんと座りなさい」

個と集団を育てる言葉かけ
「読める人は最高の姿勢をします」

　板書した後，子どもたち全員と目が合うような間をとり，**「これが読める人は最高の姿勢をしましょう」**と伝えました。全員の背筋が伸び，姿勢が正されたときに，板書を指さしながら「読める人は最高の手の挙げ方をしましょう」とつけ加えました。すぐに反応して一番に手を挙げた女の子を指名しました。そして，「今のみなさんの姿勢は『やる気の姿勢』ですね」と伝え，変容後の姿を価値づけました。1年の中で，何度も同じような場面がやってきます。「やる気のしせい」と書いた紙を写真とともに掲示し，指をさし「これになっていますか？」と聞いたり，姿勢のよい子を全体でほめ「やる気の姿勢」であることを再度価値づけたりすることで，子どもたちの中に，「やる気の姿勢」が意識づけられていきます。

〈大西　賢吾〉

価値を広げ，さらに成長を促す言葉かけ

「友達の作文を読みます」

 ## 言葉かけのねらい

　学校は，教師が一方的に決めたルールやきまりごと，がんばらせたいことを子どもに「〜しなさい」と指導することが多くないでしょうか。子どもたちに安全に過ごしてほしい，学習に前向きに取り組んでほしいという願いやきまりが教師の指導のほとんどだと思います。教師から伝えることも大切なことですが，そればかりだと，子どもたちに「またか」と思われることも少なくないでしょう。

　「友達の作文を読みます」という言葉かけは，子どもたちが一番長く時間をともにする友達が書いたものを読み聞かせることで，集中して話を聞くことや同じクラスの仲間が考えていることを学級に伝え，さらに成長を促すことをねらっています。教師がクラスに考えさせたいことを子どもの言葉を用いて伝えることで，教師からの一方的な押しつけではないと伝えることができます。

　ポイントは，子どもが書いたものであるということと，最初は誰が書いたものかを言わないことです。誰が書いたものかを先に言ってしまうと，子どもたちは，書いた人を見ながらニヤニヤしてしまったり，ボソボソと話を始めたりするかもしれないからです。誰が書いたかわからないからこそ，しっかりと耳を傾け，内容を理解しようとします。子どもの言葉をクラスで共有し，さらに学級の成長を促していきましょう。

言葉かけの場面

　ある道徳の授業のふりかえりに、「私は、今まで授業であまりあててほしくないと思っていました。それは、自分の考えに自信がもてなかったからです。でも、今日の授業では、あててほしくて何度も手を挙げることができました。少し、自分の考えに自信がもててきました」と書いた女の子がいました。私はそのふりかえりを次の道徳の授業の最初に読もうと決めていました。

> **よくある言葉かけ**
> 「ちゃんと聞きなさい」
>
> **個と集団を育てる言葉かけ**
> 「友達の作文を読みます」

　道徳の授業の最初に**「今から友達の作文を読みます」**と言い、女の子の書いたふりかえりを読みました。子どもたちは集中して聞いていました。「どう思いましたか？」と問うと、「気持ちがすごくわかる」「自信がもてるようになったのは、すごい」という声が上がりました。子どもたちの発言に共感の言葉をかけ、最後に「これを書いてくれたのはAさんです。みなさんもAさんのように自信をもって発表できるといいですね。Aさんの成長に大きな拍手‼」と言い、Aさんに全員で拍手しました。Aさんはとても恥ずかしそうにしていましたが、満面の笑みでした。その後の授業で、自分の考えを伝えたい、と挙手する子どもは、それまでに比べてとても増えました。

　教師の一方的な思いを伝えるだけでは、子どもたちの心に響きにくいこともあります。学級が成熟してきた3学期だからこそ、子どもから出てきた発言を価値づけ、広げることで、子どもたちの心に響き、さらに集団として成長していきます。　　　　　　　　　　　　　　　　　　　　　〈大西　賢吾〉

その他の言葉かけ

動きを揃え，集中した状態をつくりだす言葉かけ
「全員起立。残念，揃っていません」（1学期）

　全員の集中力を高める言葉かけです。全員の動きが揃うことは，全員が集中していることが前提です。動きを揃えることで集中した状態をつくりだせます。そうすれば，友達の話はもちろん，教師の話をよく聞くことができます。そして多くの子どもにとって，立つ，座るという動きは思考したり書いたりすることと違って比較的簡単にできます。こうした簡単な動きを取り入れることで自然に集中して話を聞く雰囲気をつくることをねらっています。

高め合える関係を築くことを促す言葉かけ
「やる気ある？」（1学期）

　子どもたちを「どきっ」とさせる言葉かけです。さらっと，しかし目を見ながら聞くことで，緊張感を生み出します。成長を目指す子どもたちは，自分たちで高みを目指そうと努力し始めたり，友達に促したりするようになります。はじめのうちは，教師からこのように気づかせる言葉かけをすることで，子どもたちが高め合える関係を築けるようにしていきます。

群れと集団を意識させ，成長を促す言葉かけ
「○○さん，厳しく成長する授業がいいですか，甘っちょろい成長しない授業がいいですか？　みんなは？」（1学期）

　慣れが出てくると，子どもたちは，「これくらいならいいか」や「このく

らいでもいいか」と自分に甘くなったり，友達と群れ易きに流されたりすることがあります。そうしたときに，易きに流されるのではなく，自分や友達を律し，教室全体の空気に緊張感をもたせることで，全員でさらに成長することをねらっています。学級全体に問うことで，みんなで一緒に成長しようという教師の願いが込められた言葉です。

あたたかい空気の教室をつくる言葉かけ
「○○さん，あなたの姿勢と表情がいい」（２学期）

　授業中，口角を上げて少し笑みを浮かべ，うなずきながら話を聞く子どもに言う言葉です。人の話を聞くときに，そんな表情をすることができる子どもは多くないです。その細かい表情まで見逃さずに，教室全体に広げることで，授業中の雰囲気を規律あるあたたかいものにすることをねらっています。また，授業中話し合いが活発になればなるほど，自分の意見を通そうと真剣になりすぎるあまり，顔がこわばってくることもあります。そんなときに意識させたい表情に気づかせる言葉かけです。

現状に気づかせ，成長を目指す空気をつくる言葉かけ
「やる気のある人とだけ今から勉強します」（３学期）

　授業中に子どもたちのやる気をはかるものの多くは，姿勢や表情です。心は体や顔に表れるからです。雰囲気の悪い教室は，教師が注意しても子どもたちはニヤニヤし注意を素直に聞き入れようとしない空気があります。そういう空気では，一生懸命勉強しようとしている子どもたちもついつい流されてしまうことがあります。体に力が入っていないとき，姿勢が崩れてしまったときに，毅然と子どもたちに話し，現状に気づかせることをねらっています。

〈大西　賢吾〉

意欲に満ちた前向きな姿勢を教室全体へ広げる言葉かけ

「右手の中指の先を天井に突き刺せ」

 言葉かけのねらい

　ぴんっと腕をまっすぐに伸ばす，ひじを机につけたまま手を挙げる，あごの下に手があるなど，様々な手の挙げ方があります。

　子どもたちの手の挙げ方から，どんなことを見取ることができるでしょうか？　私は，見取ることのできる側面の1つに，授業に向かう気持ちの強さがあると考えています。「みんなに話したい！」「考えたことを発表したい！」「先生に伝えたい！」など意欲に満ちた子どもたちの手の挙げ方は，指先が天井に向いて腕はまっすぐに伸びています。手を挙げたときの高さには，「自分の考えや思いを伝えたい！」という気持ちの強さが表れていると思うのです。

　「右手の中指の先を天井に突き刺せ」は，まっすぐに腕を伸ばした姿のよさに注目させることによって，意欲に満ちた前向きな姿勢を教室全体へ広げることができる言葉かけです。言葉かけと同時に視覚的に共有しながら価値づけることで，全員がそのよさに気づくこともでき，真似し始めます。

　これから1年間，子どもたちが手を挙げる瞬間は何度もやってきますので，出会いの時期に言葉かけをして，意欲に満ちた前向きな姿勢を教室に広げていきましょう。

 言葉かけの場面

　新年度が始まり，5年生の学級担任になりました。

お互いの自己紹介が終わった後，黒板に「成長」という文字を書き，「読める人？」と尋ねました。手を挙げているのは，34人中7人ほどです。5年生ですので，「成長」は既習漢字です。手の挙げ方は，ひじを鋭角に曲げている，ひじを机につけているなど，様々でした。

　そんな手の挙げ方を見たとき，どのような言葉かけをしていますか？

よくある言葉かけ
「挙げているのかどうか，わかりません」

個と集団を育てる言葉かけ
「右手の中指の先を天井に突き刺せ」

　私は，ひじが曲がっているけれど一番高く手を挙げている子どもの方へ歩いていきました。その子の中指をつかんですっと引き上げて全員が見ることができる間をとりました。そして，「みんな……見て。**中指の先が天井に突き刺さりそうだ！**」と言葉をかけました。それを聞いた他の子どもたちも，はじめの状態よりずっと高く手が挙がります。「この中指に，やる気を感じますよね！　素敵です！　拍手！」と価値づけ，みんなで拍手を送ります。拍手で手を下げた人がいたので，もう一度「読める人？」と尋ねます。すると，はじめよりも中指の先までぴんっと伸ばして手を挙げる子どもたちが一気に増えたので，その子たちにも拍手を送りました。この後，簡単な質問を何度もしていくと，だんだん手を挙げる人数も増えていったのですが，初めて手を挙げる子どもたちも，すっとまっすぐに手を挙げていました。元気のいい子は椅子から浮かび上がるぐらい手を挙げたり，工夫する子は中指を前後に動かしてアピールしたりしていました。「話したい！」「伝えたい！」という意欲にあふれた姿です。

〈大西　一豊〉

全員が考えをもち，発表を活発にする言葉かけ
「少ないなあ……隣としゃべれ！」

 言葉かけのねらい

　授業において，一人ひとりが自分の考えをもつことは重要だと思います。それは，授業の多くが教師の発問や設定した課題などについて，子どもたちの考えを取り上げてつなぐことで展開されるからです。

　しかし，「一人ひとりに考えをもたせることは難しい」と感じたことはありませんか？　私自身，そのように思っていました。子どもたちに問いかけてもシーンとしていたり，つまらなそうな表情で誰も挙手していなかったりして，教室で一人，焦っていたことを覚えています。

　「少ないなあ……隣としゃべれ！」 は，一人ひとりに考えをもつように促して，全体の場での発表につなげることができる言葉かけです。一度ペアの人に考えを伝えたり相手の話から考えを学んだりすることで，発表意欲や挑戦心も高まります。そうすることで，全体の場での発表が活発になります。あえて命令口調にすることでペアの人との話し合いを勢いづけることもねらっていますが，大事なのは子どもたちに自分の考えをもたせることです。教師のキャラクターに合わせて，言葉かけをアレンジするとよいです。

　新しい学級になったばかりの1学期。まずは，一人ひとりが自分の考えをもつことに慣れさせましょう。そして，ペアの人との話し合いを全体の場へとつなぎ，発表が活発になるようにしていきましょう。

言葉かけの場面

4年生の学級担任をしていたときのことです。算数の「角度」の学習で，初めて分度器を使いました。私は，「分度器を見て，気づいたことがある人？」と問いかけました。挙手したのは，いつも発表してくれる子どもたちです。

> **よくある言葉かけ**
> 「え，見たらわかるでしょ。なんでわからないの？」
>
> **個と集団を育てる言葉かけ**
> 「少ないなあ……隣としゃべれ！」

私はすかさず，**「少ないなあ……初めて見るもんね！ それじゃあ，ペアの人と相談しましょう！ どうぞ！」**と言葉をかけました。目の前に分度器の実物があることから簡単に，そしてすぐに見つけられるだろうと思っていたので，もしもいつも通りだった場合はペアの人と話して全員に考えをもつように促そうと計画していました。子どもたちは，ペアの人と向き合って分度器を指さしながら気づいたことを伝え合います。

2分ほど時間をとった後，もう一度「分度器を見て，気づいたことがある人？」と同じ質問をします。子どもたちは，どどどどどっと挙手しました。数，線，形，色，向きなど見て気づいたことに加え，分度器の種類による違いや使い方の予想，この後の授業展開の見通しなど，活発に発表していました。

〈大西　一豊〉

話す

人前で堂々と話す自信につながる言葉かけ

「ハキハキとした美しい日本語で」

 言葉かけのねらい

　子どもたちがみんなの前で話をするとき，小さい声で聞き取りづらかったり夢中になりすぎてため口のような言葉づかいになってしまったりすることがあります。私は，人前で話すときには，聞いてくれている相手を意識して，ふさわしい言葉づかいで話すことが大事だと考えています。そこで，「話したい」という気持ちは大切に守りながらも，一人ひとりの話す力，具体的には「相手を意識した声や言葉づかい」を育てていきます。

　「ハキハキとした美しい日本語で」は，相手に届く声と人前でのふさわしい言葉づかいを意識した話し方を身につけることで，人前で話すことに自信をつけることができる言葉かけです。ポイントは，言葉かけの時期とタイミングです。言葉かけの時期は，話すことにチャレンジし始めた時期だとプレッシャーを与えるだけになってしまうので，人前で話す経験を積んだ時期が適しています。また，言葉かけのタイミングは，話し終えた後だと失敗だったと感じさせてしまうので，話し始める前をねらいます。どちらも新しい目標やさらなる成長の１つと捉えさせて挑戦することによって，成功体験を生み出し，自信につなげるためです。

　挑戦して成功体験を積んで少しずつ自信をつけていく仲間の姿から，教室全体にも「相手を意識した声や言葉づかい」が広がっていきます。２学期，一人ひとりの話す力を伸ばし，自信へとつなげていきましょう。

言葉かけの場面

　4年生の学級担任をしていたときのことです。児童会の取り組みについて，学級会を開くことになりました。学級委員の二人が前に立ち，司会進行をします。二人とも，4年生で初めて学級委員に立候補し，何度か学級会の経験を積んできました。しかし前回は，進行することにいっぱいいっぱいで，声や話し方に意識を向ける余裕がない様子でした。

> **よくある言葉かけ**
> 「今日は，ちゃんと話してください」
>
> **個と集団を育てる言葉かけ**
> 「ハキハキとした美しい日本語で」

　学級会が始まりそうなとき，私は二人に向かって，笑顔で**「二人とも！ ハキハキとした美しい日本語で。がんばってね」**と言葉をかけました。二人ともうなずいていました。クラス全体を見た後，「これから，学級会を始めます」と話し始めましたが，この第一声から全体に届くように声を出していたことを，今でも覚えています。

　この後も，人前での声や話し方を意識しながら，学級会を進めていました。ふりかえりでは，「学級委員の声が後ろまで聞こえて，聞きやすかったです」「ぼくも，いい言葉を使いたいです」と数人の仲間が発表してくれました。私も，「二人の声，発音，みんなに意識を向けた司会としての話し方」について価値づけ，改めて二人のがんばりと成長をみんなと共有しました。全員で拍手をして学級会を終えるとき，二人は，とても満足気な表情をしていました。

〈大西　一豊〉

<table>
<tr><td rowspan="2">話す</td><td>時期
1学期</td><td>時期
2学期</td><td>時期
3学期</td></tr>
</table>

自分なりの言葉で話し，話し合いの質を高める言葉かけ

「よくないトートロジーを使わない」

 ## 言葉かけのねらい

　教室で話し合いをしているときに，様々な考えが出てこないで困ったことはありませんか？　自分の考えはもっているけれど，発表した人と「同じだから」といって発表が続かないような状況です。一問一答形式の解答ならば「同じ」かもしれませんが，私は，一人ひとりの経験や考えをもつまでの過程などには違いがあると思っています。

　「よくないトートロジーを使わない」は，周りの人の答えに対して安易に「同じだから」で終わることなく，自分の考えを自分なりの言葉で話すことによって，話し合いの質を高めることができる言葉かけです。トートロジーという言葉は難しいので，教師の意図に合わせて言葉を柔軟に変えていくとよいです。トートロジーとは，同じ意味の言葉を繰り返し使うことをいいます。例えば，「なぜAなのか？」という問いに対して，「それは，Aだからです」と同じことを繰り返して答えることをいいます。これでは話が先に進みませんので，よくないトートロジーとなります。

　「同じ」かもしれないけれど，一人ひとりの経験や考えをもつまでの過程などを自分なりの言葉で話すことで，考えの具体性や話し合いの質を高めることができます。子どもたちも，「なるほど～」と共感したり「どういうこと？」と質問したりして反応し始めます。

　自分の考えをもつことに慣れてきたこの時期，自分なりの言葉で話す力を伸ばすことで学級集団としての話し合いの質も高めていきましょう。

言葉かけの場面

　6年生の学級担任をしたときのことです。道徳の学習の時間，○と×の二項対立の立場に分かれて話し合う型式の授業をしました。「登場人物がしたことは○か×か？」と課題を投げかけ，子どもたちは自分の立場とその考えをノートに書きました。そして，全体での発表の時間，選んだ人数が少ない×の立場の人たちから発表させました。ほとんどの子どもが挙手しています。一番にBさんを指名して発表してもらいました。しかし，Bさんが発表した後，ほとんどの人が手を下げていました。私は，先ほど挙手していたCさんを指名して考えを聞くと，Cさんは「Bさんと同じです」と答えました。

よくある言葉かけ
「同じなんですね。じゃあ，次の人」

個と集団を育てる言葉かけ
「『同じです』を使わないで，自分が考えたことを話してみよう」

　私は，**「同じなんですね。じゃあ，『同じです』を使わないで，自分が考えたことを話してみよう」**と言葉かけをしました。Cさんは，具体的に自分の経験を交えて考えを話してくれました。すると，同じ立場で手を下げていたD君が「それ！　ぼくも！」と反応を返し，次はD君が考えたことを発表してくれました。どちらも，考えをもつきっかけとなった経験を話してくれたことで，それぞれの立場としての意見が具体的になり，全体での理解が深まりました。

　このように，自分なりの言葉で話すことで一人ひとりの考えがつながったり，話し合いの質を高めたりすることができます。

〈大西　一豊〉

考えながら即興的に話す力をアップさせる言葉かけ

「当てずっぽうで話すのです」

 ## 言葉かけのねらい

　子どもたちが，「正解を言わなければいけない」と思い，発表することに消極的になっている姿を見たことはありませんか？　話す前に準備することは大事かもしれませんが，私は，即興的に自分の考えを創りだして話せるのが，最終的な成長した姿であると考えています。日常生活においては，話すことは準備のない状態で行われることが多いからです。ちょっとした時間の雑談，なにげなく始まる会話，ふっと浮かんだ疑問を解決するための議論などは，教室という枠を超えた日常生活の場面にたくさんあります。

　「当てずっぽうで話すのです」は，その場で自分の考えを創りだして伝える即興的に話す力を高めることができる言葉かけです。わからなくても，書いていなくても，絶対的な答えの「解答」ではなく，自分なりの答えである「回答」を考えながら話すのです。これまでに話す力を成長させてきた子どもたちの様子に合わせて，タイミングよく言葉かけをすると，時間に対する話し合いの密度が一気に濃くなり，テンポも加速していきます。

　3学期，1年の集大成の時期です。話す力が成長した姿として，自分の言葉を考えながら即興的に話すことができる姿を目指していきましょう。

 ## 言葉かけの場面

　4年生の学級担任をしたとき，Eさんと出会いました。出会った当初，授業では挙手することも発表することもほとんどありませんでした。学級集団

として話す力が高まるにつれて，Ｅさんもみんなの前で発表することを目標に設定し，挑戦し始めるようになってきました。

　ある日，授業のふりかえりを全員に発表してもらうことがありました。列で順番に発表していったのですが，Ｅさんは順番がきたとき，「まだ書いていません」と言って，困った顔をしていました。

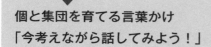

よくある言葉かけ
「じゃあ，もういいです。座りなさい」

個と集団を育てる言葉かけ
「今考えながら話してみよう！」

　私は，「時間が短かったよね。書いていなくても，話せますか？」と聞きました。すると，Ｅさんがうなずいたので，「**よし！　それなら，今考えながら話してみよう！**」と言葉をかけました。みんなの前で発表することを目標に設定していたことを知っていたので，あえて即興的に話すことを促しました。Ｅさんは言葉に迷いつつも，

考えながら即興的に自分の言葉で話してくれました。発表が終わった後は，盛大な拍手が起きました。私は，学級のみんなも，そのがんばりを認め，さらなる学級集団としての成長も感じたのだろうと思いました。他にも，ふりかえりを書き終えていない人が数人いましたが，みんな考えながら話すことに挑戦していました。

　その日を境に，Ｅさんは積極的にみんなの前で話すことが増えていきました。自らレクリエーションの企画，運営をしたり，ふとしたときにみんなを笑わせるようなことを言って場をなごませてくれたりしました。3月には帰りの会で2分以上のスピーチを即興的にしていました。　　　　〈大西　一豊〉

その他の言葉かけ

ぴしっとした態度で話すことを促す言葉かけ
「これが寄りかかる。これが気をつけ」（1学期）

　気をつけの姿勢をさせて話をさせるときの言葉かけです。机に手をかけたり腰の辺りをもたれさせたりして立っている子どもへの指導です。教師が両方をやって見せて，よい姿勢を意識させるとよいでしょう。

　相手からどのように見えるのか，非言語である態度の部分も人前で話す上で重要です。美しい姿勢で話す力を育てることで，堂々と人前で話すことができるようにもなってきます。

みんなに届くような声を意識させる言葉かけ
「音読の声で話しなさい」（1学期）

　声の小さい子どもに対して，話すときの明確な基準を示すことができます。「声を大きくしなさい」よりも，どのくらいの声がちょうどよい大きさの声なのかをはっきり示します。

　話しても，相手に伝わらなければ話していないのと同じです。言葉かけは，発表後ではなく，発表前にすることで，失敗だと感じさせることなく挑戦させることができます。

聞き手を意識させて話す力をつける言葉かけ
「君は誰に話しているの？」（2学期）

　子どもたちは，何も言わなければ，一番前の席でも黒板の方を向いたままだったり教師だけに向かって話したりすることがあります。そこで，教室にいるみんなで学習をしているということを伝え，周りの聞き手に向かって話をするように意識させます。「誰に」という言葉を使うことで，はっきりと周りの聞き手を意識させることができます。例えば，一番前の席なら後ろにいる人を，端の席なら内側にいる人を意識するようになります。

抽象的な話を具体的な話へと変化させる言葉かけ
「例えば？」（3学期）

　「例えば？」と問うことで，具体的な状況や経験などを引き出すことができます。具体性を上げることで，より相手に伝わりやすい話に変わります。子どもたちの話が抽象的だったとき，間髪をいれずに問い返すことがポイントです。スパッと問うことで，子どもたちもパッと答えようとします。

体も使って話すことで話の内容をより伝わりやすくする言葉かけ
「手にも話をさせましょう」（3学期）

　話をするとき，聴覚的な情報だけよりも視覚的な情報を加えることで，相手の目を引いたり話がより伝わりやすくなったりします。聞いている相手にとっても話が理解しやすくなるので，プラスの影響を生み出すことができます。
　「手にも話をさせる」という擬人化した表現をすることで，言葉だけではなく体も一緒に使って話そうという気持ちが高まります。

〈大西　一豊〉

受け答えする自分の姿はどうあるべきかを問いただす言葉かけ

「君は○○君が嫌いなのですか？
そうでないなら体で聞きましょう」

言葉かけのねらい

　話し手に背を向けうなずきもせず話を聞いている子に投げかける言葉です。その態度をさほど悪いと思っていないように見える目の前のその子に対して，「傍から見ると，まるで君は○○君を嫌っているように見えるよ。それでいいのですか？」と問いただすねらいがあります。

　毎日の対話活動にも慣れてきた頃，子ども同士の仲もとてもよくなってきます。しかし「親しき中にも礼儀あり」です。慣れ親しんだ友達であっても，対話するときには誠実な態度でないと話をする気は簡単に失せてしまいます。それなのに自分の世界に入り込んでしまって周りが見えなくなってしまうと，いとも簡単に失礼な態度をとってしまうことがあります。そんなときに，「嫌っているように見えるけれど，そうではないよね」と問い，見えない自分の態度を客観的に見せて考えさせる言葉なのです。

言葉かけの場面

　5年生のはじまり。コミュニケーション力をアップさせるため，帰る前に必ずペアトークで「Y：やったこと　W：わかったこと　T：次にしたいこと」について，1日のふりかえりをします。まずペアでじゃんけんをして勝った方が「今日はどうでしたか？　もう少しくわしく教えてください」と1分間聞いていきます。そうすると全員の声がわいわいと響きわたり活気あるふりかえり活動になっていきます。

ある日，ペアになった相手に背を向けて，手遊びしながらうわの空で質問に答える子の姿が目に入りました。

「君は○○君が嫌いなのですか？　そうでないなら体で聞きましょう」

　そう言われた子どもは，「え？」と少し驚いていました。気持ちが向いていないことは事実だったとしても，そこまで失礼な態度だったとは思っていなかったのでしょう。

　「嫌いではありません」と言うその子に，「でも傍から見ると，そんなふうに見えるよ，それでいい？」と聞くと，首を大きく振り，ペアの相手にまっすぐ正面から向き直して，話し始めました。

　「相手に悪かった」と心底納得できたとき，子どもは話の聞き方を素直に改めることができます。対話に向かう姿勢がやわらかくなると，自然と言葉もあたたかいものに変わります。この真摯な向き合い方が対話の土台として必要不可欠なのです。

　自分が対話する姿をメタ認知し，そのよいイメージを端的につかませるために投げかけるのが，この言葉なのです。

〈松永　久美〉

教室の空気をきゅっと引き締める言葉かけ
「心の芯をビシッとさせて聞きなさい」

 ## 言葉かけのねらい

　子どもたちに大切なことを真剣に伝えなければならないときに使う言葉です。ここぞというときには，話す方も聞く方も，襟をただし背筋を伸ばして言葉を交わす必要があります。この言葉は，正当な真面目さを受け止めきれないなれあいがはびこる中，教室の空気をきゅっと引き締めるねらいをもって使う１学期の言葉です。

　何かを伝えようとしても聞く態勢が整っておらず，何人かがいつまでもニヤニヤとして，その雰囲気がなかなかおさまらないというときがあります。「あ，まだ子どもたちの心は落ち着いていない。この場の空気を前向きに変えていこう」と教師自身がまず一息入れます。そして子どもも教師も気持ちを整えるために，この言葉を投げかけるのです。

言葉かけの場面

　１学期のはじめ。４年生の算数で「わり算のひっ算」の学習をしようとしていました。まずは復習問題をしようとしたときに，ある子が自分のノートを机の下に隠して問題を解いている姿が目に入りました。机の上にノートを置いて計算している子どもたちは，スラスラと次の問題に進んでいます。このひっ算は，既習のかけ算九九だけでなく，繰り下がりのひき算も正確に理解していなければ答えは出せません。

　そばに寄ると，その子は基本的な計算に苦慮していることがわかりました。

すでに理解できた多くの子どもたちは，次の課題に進み，それが終わってしまうと好きな本を読んでいました。子どもたちに聞くと，前年度までの授業はそうだったということでした。こんなとき，教師としてなんと言葉をかけますか？

　私は「こんな状況でみんなはいいと思いますか？」と声を上げました。子どもたちは「何が悪いんですか？」とぽかんとしていました。

> よくある言葉かけ
> 「これでいいと思っているのか。先生の話をちゃんと聞きなさい」
>
>
>
> 個と集団を育てる言葉かけ
> 「心の芯をビシッとさせて聞きなさい」

　わからない子がかたまって困っているのに，すでに終わった子が見て見ぬふりをしているクラスの状況を，それでいいのかどうかを考えさせようとしたとき，その冒頭でこの言葉を使いました。

「心の芯をビシッとさせて聞きなさい。先生はあきらめきれない」

　続けてこう言いました。「早く理解できたのなら，その力を困って止まっている友達に使っていこう。コミュニケーション力をアップさせて，みんなで学び合える授業をつくっていこう」子どもたちはこの目標に納得しました。

　この話をした次の日から，積極的に動き，かたまっている子に「大丈夫？」と声をかけ，わからない問題のヒントを出し合ったり，教え合ったりするようになりました。この話は子どもたちの心にしっかり届いたと思いました。

　話を聞ける空気を整えるのも教師の役目であり責任です。多くの子どもたちは，ここぞというときにはなれあいの雰囲気をうやむやにしない，まっすぐ自分たちと向き合ってくれる教師の姿勢を，待っているような気がします。

〈松永　久美〉

話し手と一体感をもって話を聞こうとする言葉かけ
「『あるある』と反応しましょう」

 言葉かけのねらい

　話をただ静かに無反応に聞くのではなく，話し手と一体感をもって対話するように聞き，教室の空気をあたためるために使う言葉です。

　話し手の言葉を一方的に受け止めるのが「真面目に聞いている姿」とされることがあります。けれど，言葉が心に入ってくるとき，誰しもその心は動くものです。その言葉は心の湖に美しい波紋として広がることもあれば，驚きと発見の波風を立たせるようなこともあります。そんな感情を表に出せないというのは息苦しいものです。無表情で話を聞く子どもが大勢を占める空間は冷たくなります。そんなとき，具体的にどうしたらよいのかがわかるだけで，子どもたちの表情は明るくなります。

　「『あるある』と相づちを打ちながら聞きましょう」 と投げかけ，合いの手を求めるように教室で「あるある」を練習していくと広い教室でも話し手と聞き手の距離は縮まり，話の理解も一体感をもって進んでいくのです。

言葉かけの場面

　夏休みが明け，元気が弾ける2学期がスタートします。9月末に運動会を終えるといよいよ10月。1年の折り返しのスタートです。1年の半分終了，ここまでついてきた力をふりかえり，これから先のことを具体的にイメージして，新しい目標に向かって再スタートしていく時期です。

　私は毎年この時期に「これから後半戦，どんな学級にしたいですか？」と

投げかけます。そして学級の今の状況を分析するためにこんな話をします。

「みんなが幸せってどういうことだろう？」と黒板に図を書きながら説明します。縦に自分軸，横に他人軸を引き，そこで４つに分かれたエリアを示し「どこが幸せなんだろう？」と問いかけながら話を進めていきます。その際，教師の問いにまったく無反応ということがあります。疲れているのか関心がないのか，そんな授業に慣れていないのか，理由は様々考えられますが，前に立つ者として，そんな空気をどうやって変えていけばよいのでしょうか。そんなときに使うのが「『あるある』と反応しましょう」です。

よくある言葉かけ
「『わかりました』とか『はい』とか返事はできないのですか？」

個と集団を育てる言葉かけ
「『あるある』と反応しましょう」

「話を聞くときに『あるある』と首を縦に振ってみよう」というチャレンジを投げかけると子どもたちの表情は一気にやわらぎます。意思疎通のおもしろさが一体感を高め，みんなで授業をつくっていることを実感するのです。「あるある」「なるほど」などは，実感を伴う相づちです。その言い方のバリエーションはその時々で変わっていくものですが，基  本的にそのリアクションをした方がよいということを学べば，いろいろな人との対話も受け身一辺倒ではなくなります。対話的な授業は参加者全員・教師と子どもが一緒につくり上げていくものです。話を聞くときに「私だったらどうだろう？」と考えながら聞ける，そんな安心感が授業を生きたものにしてくれるのです。

〈松永　久美〉

積極的に話を聞こうとするきっかけをつくる言葉かけ

「後で質問（感想）してもらいます。
話を聞くことと質問（感想）はセットです」

 ## 言葉かけのねらい

　ぼんやりと話を聞くのではなく，その話の情報をはっきりつかみ，集中して内容を聞く心構えをもたせるための言葉かけです。

　話を聞きながらその内容の情景を思い浮かべようとするとき，固有名詞の意味がはっきりしないと，イメージするのは難しいです。「いつ・どこで・何が・どうして」という話の筋をたどっていくときに，明確になっていない部分はもっとはっきりと知りたくなってきます。理解しながら聞こうとすると，自然と疑問がわいてくるものです。そのように積極的に話を聞いてもらいたいときに使うのが，**「後で質問（感想）してもらいます。話を聞くことと質問（感想）はセットです」**です。

 ## 言葉かけの場面

　元気で仲のよい５年生の，２学期の算数の授業で，「〈帯分数−帯分数の解き方〉を説明しよう」という場面がありました。通分しないとこの問題は解けません。数字だけの式で説明を進めていても，「よくわからない」という子が何人か出てきます。具体物がないと理解が進まないのです。

　そこである男の子が，２と３分の１を，整数をピザ２枚，分数をピザを３つに分けた１つ分として表しました。そして，１と２分の１を，整数をピザ１枚，分数をピザを２つに分けた１つ分として表し，それを引くという問題の図が黒板に示されました。しかし，このままではまだひき算をすることが

できません。どうしたらよいのでしょうか。説明が進んでいき，どうしても
わからない場合は，「〜まではわかります。でも○○がどうしてなのかわか
りません」と質問すればよいのです。

　「わからない」のは，わかろうとしている証拠なのです。

> よくある言葉かけ
> 「黙って話を聞きましょう。わかりましたか？」
>
>
>
> 個と集団を育てる言葉かけ
> 「後で質問（感想）してもらいます。話を聞くことと質問（感想）はセ
> ットです」

　「話を聞くことと質問はセットです」と言われると，子どもたちは「もっ
と知りたくて，意味がわからないところは質問したらいいんだ」という安心
感を得ることができます。

　また「質問できるくらいに内容を理解しながら真剣に聞かないといけない
んだ」とよい意味でのプレッシャーを感じることができます。文章問題の解
き方を説明するとき，特定の子だけが理解できる一方的な話では教室全体に
納得感は広がりません。相手の話を納得するまで聞こうとする態度は，「あ
いまいな点は聞く」という積極
的な姿勢から生まれます。集中
して聞けば，質問が出る。そん
なわかりやすいゴールを示すこ
とで，聞き手と話し手がつなが
り，教室にいるみんなが話し合
いに参加しやすい状況をつくる
ことができるのです。

〈松永　久美〉

正対して学ぶ姿勢に気づかせる言葉かけ

「話を聞けない人と一緒にいるのは 時間の無駄です」

 ## 言葉かけのねらい

いいかげんな態度で話を聞いている子が何人かいる，教室に一体感がない，話が聞けない空気を断ち切りたいときに使う言葉です。「この時間を無駄にするのかしないのかは，あなた次第だ」ということに気づいてもらうというねらいがあります。

一生懸命話しかけているのに，目を合わせない，明らかに嫌がっている，聞こうとしていない，そんな場面は授業中に限らず，日常場面であっても出くわすことがあります。聞き手の不誠実な態度は，話し手の安心感を揺るがし，話そうとする意欲や思考まで止めてしまいます。そんな場面で使うのが**「話を聞けない人と一緒にいるのは時間の無駄です」**なのです。

 ## 言葉かけの場面

夏休み明けの教室で，1日のふりかえりのペア対話をしていたとき，言葉をゆっくり探しながら話すF君に対して「え？　何」「聞こえない」「わからない」と笑って聞いているGさんの姿がありました。一生懸命言葉を発しようとするF君に「ちゃんと話してよ」とニヤニヤ笑いながら大きな声で言っているのです。対話中だったのですが，私は少し大きな声を出して，ふりかえりを止めました。

「話を聞けない人と一緒にいるのは時間の無駄です」

この言葉が胸に刺さったのか，笑っていたＧさんは涙目になりました。しばらく沈黙が続いた後，「このまま続けて話す？」と話し手であったＦ君に聞くと「話します」と即答しました。深くうなずくまっすぐな眼差しに「先生，大丈夫。Ｇさんはもうちゃんと聞いてくれるから話せます」という心の声が聞こえたような気がしました。その後，二人とも落ち着きを取り戻し，ペア対話は再開されました。Ｆ君は落ち着いてその日にあったことをふりかえり，自分の思いを最初からＧさんに語り始めました。

　「態度が悪い」「ふざけない」と言っただけでは，何をどうしてよいのかわからず，その意味が伝わらないことがあります。目を見ながらヘラヘラしていたり，ふざけて顔を近づけていたりしても，「ちゃんと聞いています」と反論してくる子もいます。上辺の型だけを整えたとしても，心が伴っていなければ思いを深く受け止めることはできません。こういうときは，「それはどういう気持ちで言っていることなのか」と教師が本気で子どもを問いただす場面です。この場面は友達と話すことに何の意味があるのかと斜に構えている子どもに，ペア対話をする時間を意味のあるものにしたいという教師の思いを伝える絶好のチャンスでもあります。親しき中にも礼儀あり。こういう日常のやりとりを通して，子どもたちは対話の意味を深く理解していくのです。

〈松永　久美〉

その他の言葉かけ

相手に正対することを促す言葉かけ
「君たちは○○君を仲間だと思っていないのか？」（1学期）

　ひとりぼっちになっている子がいても気がついているのか気づかないふりをしているのか，「ひとりぼっちの友達がいても関係ない」という雰囲気が漂っているときに使う言葉です。

　君たちは仲間だと思っていないのか，そういう無関心が何を生んでいるのかについて気づかせ考えさせる，対話できる学級の土台をつくるための前向きな言葉です。

内容をしっかり把握して聞くときの言葉かけ
「コピーするつもりで聞きなさい」（1学期）

　「真剣に耳を傾け，真意を汲み取って聞く」という姿勢を具体的な例で示した言葉かけです。

　まるまるコピーするつもりで聞くという具体像をわかりやすく示すことで，後でそのままその話をするという目標をもって，子どもたちは集中して話を聞くことができます。

内容を確認する手立てをもたせる言葉かけ
「○○さんは3つのことを話しました。言える人？」（2学期）

　子どもたちがきちんと聞けていたのかどうかが一目瞭然になる投げかけで

す。

　このことを経験することで，その後，よい緊張感をもって話を聞こうとするようになってほしいと願っています。

聞くときの目標をもたせる言葉かけ
「低学年は5分，中学年は10分，高学年は15分。常識です」（2学期）

　大勢で話を聞くとき，何分ぐらい集中して話が聞けるでしょうか。

　やはり高学年ではせめて15分間は聞けないといけません。

　低学年で5分，中学年で10分，高学年で15分，それぞれの学年の指標をもつことで，その時間，集中して話を聞くことができるようになります。

　努力できたかどうかの数値目標を取り入れることで，よりわかりやすく取り組みやすくなるのです。

議論の内容に集中することを促す言葉かけ
「違いが言える人？　比べながら聞くのです」（3学期）

　授業では，立場の違うそれぞれの意見がどのようにつながっているかを考え分析しながら聞いていくことで，積極的に議論に参加できるようになっていきます。

　内容に集中して聞いていないと，議論は深まりません。そのような聞き方ができているかどうかを確認するために投げかける言葉です。

〈松永　久美〉

書くスピードを生む言葉かけ

「書けたら『書けました』と言いましょう」

 ## 言葉かけのねらい

　授業の中で，「自分の考えを書きましょう」と言葉かけをすることがよくありませんか？　サッと書き始める子，考えながらゆっくり書き始める子，わからずに鉛筆が止まってしまう子，ぼーっとしてしまっている子など，様々いる中で，時間がきて「まだ全員書けていないから，時間延長！」ということがよくあります。延長，延長と続いてしまっては，授業の中で本当に考えさせたいところまで行きつかないかもしれません。

　「書けたら『書けました』と言いましょう」は，自分の考えを素早く全員に書かせるときに有効な言葉かけです。書けた子に「書けました」とあえて言わせることで，書けていない子に「あ，急がなきゃ」と緊張感が生まれます。ぼーっとしていた子も，書きだすはずです。

　子どもたちが授業に「全員参加」するために，そして授業にほどよい「緊張感」を生むために，子どもたちに刺激を与えていきましょう。

 ## 言葉かけの場面

　落ち着いている4年生を担任しました。この学年は，とても素直で真面目でした。しかし，自分に自信がない子も多くいました。「ノートに書きますよ」と言うと，ゆっくり鉛筆を持ってノートに書き始めます。「自分の考えを書きましょう」と言っても，鉛筆を置いてしまう子が半数以上。黒板に友達が考えを書くと，鉛筆を持ち黒板を写し始める子どもたち。こんなときに，

どんな言葉かけをすればよいでしょうか？

> よくある言葉かけ
> 「遅い！ 早く書きなさい！ 全員かけるまで，時間延長！」
>
> 個と集団を育てる言葉かけ
> 「書けたら『書けました』と言いましょう」

　子どもたちが，書き終わった後に「書けました」と口々に言いだすと，どのようなことが起こるでしょうか？

　算数の時間，自分の考えを書かせる際に**「書けたら『書けました』と言いましょう」**と言うと，とりあえず鉛筆を持って，自分の考えを書く姿が見られました。一人が「書けました」と言うと，子どもたちは，そこから変わりました。書くスピードが上がります。「書けました」と言ったその子をパッと見て，そして自分の考えを書くことに集中しだしました。次々に「書けました」の声が教室に響くと，ゆっくりマイペースで書く子が，一生懸命，書きだしました。

　周囲の子が多く書き終わっていて，「書けました」と声を出させることで，「急いで書かなきゃ」「え，そんなにもう書き終わっているの!?」「何か絶対書いておかなきゃ」という気持ちが子どもたちに生まれてきます。全員がノートに書くことで，「全員参加」を促し，その後の考えの交流を活性化させることにつながります。

〈大西　佳花〉

思考継続を促す言葉かけ
「箇条書きでたくさん書きます」

言葉かけのねらい

　授業中，考えを書き，「書けた！　できた！」と満足している子どもたち。課題や教師の問いに対して，自分の考えを書くことは，とてもすばらしいことです。しかし，書いた後の子どもの思考はどうでしょうか？　考えを書くときに，時間設定をしているならば，書いた後の残りの時間は，子どもたちは何を考えているのでしょうか？　もしくは，うまく文にまとめられず，「どう文を書いていいか」を考えている子もいるかもしれません。

　「箇条書きでたくさん書きます」は，考えをより多く書き，思考を途切れさせないようにする言葉かけです。「まだないかな？」「これはどうかな？」と考えさせることが大切です。子どもたちが書く内容に「それは文になっていない」「ちょっと見当はずれだ」と言うのではなく，「○○さんは，もう３つも書いている」と言った方が，「４つ目を考えよう」「○○さんには負けない」と子どもたちの思考は継続するはずです。

　「考え続ける」習慣をつけさせるために，１学期は「質より量」を意識し，考えをとにかく多く書くことをねらっていきます。

言葉かけの場面

　２年生の１学期，国語で「スイミー」の学習をしました。「大きなまぐろにみんなで立ち向かおうと提案するスイミー」と，「岩陰に隠れ怖がる赤魚たち」が出てくる場面です。そのときのスイミーの気持ちと赤魚の気持ちを

対比させたいと思い，「このときのスイミー，何と言っているでしょう？」と声をかけました。すると，反応が早い子どもは口々にサッと返します。「では，ノートに書きましょう」と言うと，1つ書き終わった子どもは，満足そうにニコニコこちらを見ています。

> **よくある言葉かけ**
> 「ノートに自分の考えを書きましょう」
>
>
>
> **個と集団を育てる言葉かけ**
> 「箇条書きでたくさん書きます」

「箇条書きでたくさん書きます」と言うだけで，子どもたちは1つ書いただけでは満足せず，2つ，3つと書きだします。考えを書く3分間，誰一人しゃべらず，一生懸命ノートに向かっています。上手な文になっていなくても，スイミーや赤魚の気持ちを様々な角度から考えていたり，それぞれの葛藤に気づくことができていたりしました。

机間指導の際に，「おっ！ もう3個目にいっているんですね」とさらに声かけをすると，数を増やそうと，さらに子どもたちは考えます。もちろん，「考えを書けた！」という満足感を子どもたちに味わわせることも大切です。ですが，思考する時間を最後の1秒まで使って，「こうかな？」「これも考えられるかも？」「いや，違うかな？」「もしかしたら，これもそうかも？」と思考させ続けることも大切ではないでしょうか。

〈大西　佳花〉

書く

集中力を上げる言葉かけ
「1分59秒で書きましょう」

 言葉かけのねらい

「2分で書いてください」「1分59秒で書いてください」

今，あなたは，どちらの方が，時間がない！と感じましたか？　たったの1秒しか違いませんが，59秒と言われると，なんだかそわそわしてしまいます。子どもたちも同じです。

「○分間で書きましょう」に慣れてしまったり，教室がだらっとした空気になりそうだったりするとき，なんとかして子どもたちの集中力を上げたいものです。

「1分59秒で書きましょう」は，だらっとした空気でも，指示の工夫で子どもたちの集中力を一気に上げることができる言葉かけです。「急いで書かなければ時間がない！」「早く書かなきゃ！」と感じ，あっという間に，だらっとした空気が払拭されます。

シーンとした教室の中に，「カッカッカッ」と鉛筆の音が響きわたります。

 言葉かけの場面

「では，書きましょう」「考えをノートに書いてみよう」と言ったとき，教室がなんだかだらっとした空気になっているときはありませんか？　ゆっくりと鉛筆をとる子ども，うーんと悩んで，なかなか鉛筆が進まない子ども。そんなときに，ついつい「早く書きなさい」「なんでぼーっとしてるの？」「集中力がたりないよ」と叱っていませんか？

低学年を担任するときには，「話す・聞く・書く」活動を45分間の中に散りばめて授業するように意識しています。中学年や高学年に比べて，集中力がそう長くもたないといわれているからです。こちらが考えながら授業をしていても，日によっては，だらっとした空気になってしまうときもあります。

よくある言葉かけ
「集中して書きなさい」

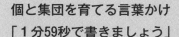

個と集団を育てる言葉かけ
「１分59秒で書きましょう」

　そんなとき，いつもは，「２分で書きましょう」と言うのに，突然，**「１分59秒で書きましょう」**と言うと，子どもたちは，「ええっ！　ちょっとまって～！」とニコニコした顔とちょっと焦ったような顔で，急いで鉛筆をとり，ノートに向かいます。

　「早く書きなさい」「まだ書いていないの？」「集中して書きなさい！」と言わなくても，子どもたちは黙々と真剣な目で，鉛筆を止めずに書くことができます。低学年でも，中学年・高学年にも負けない集中力で書き上げることができます。

　どの学年でも，少し「慣れ」が出てきたときに，再度，ほどよい「緊張」を生み出すには，「少しのユーモア」です。そのユーモアが，子どもたちの心を刺激し，教室に集中して書く時間を生み出すことができます。

〈大西　佳花〉

思考を焦点化させる言葉かけ
「ズバリと書きなさい」

言葉かけのねらい

　「山が好きか，海が好きか？」と聞かれたら，あなたはどう答えますか？
「山は，景色がいいんだよなあ。でも登るのきついしなあ。海も景色がきれ
いなんだけど日焼けするし……うーん」と決めきれない状況が生まれません
か？　もちろん，スパッと決められることもあるでしょうが，理由を考えて
いくと，決めきれず，制限時間を見て，「わあ！　急がないと！」となるこ
とがあると思います。

　「ズバリと書きなさい」は，立場や考えをはっきりと決めさせる言葉かけ
です。まず選択させてから，理由を考えさせるのです。AかBか立場を決め
るとき，様々な理由で悩むことがあります。立場や考えが決まらなければ，
なかなか先に進みません。まずは，立場をはっきりさせ，子どもの思考を焦
点化させます。

　話し合いを活性化させるためには，様々な意見が出なくてはいけません。
「そんな理由もあるんだ！」「それもありだなあ！」と感じると話し合いが楽
しくなります。子どもたちにもそんな思いを感じさせたいですね。

言葉かけの場面

　4年生の国語で「ごんぎつね」を学習しました。子どもたちの発案から，
「ごんの幸せグラフ」をつくり，場面ごとに，ごんの気持ちを追っていきま
した。最後に「ごんは幸せだったのでしょうか？」と子どもたちに聞くと，

「うん！」と即答する子，「えー，だって兵十に撃たれたんだよ？」と言う子，うーんと考え込む子がいました。この後，ディベートにつなげる予定でした。そこで，よく，「では，自分の意見を書きましょう」と言いますよね。しかし，書ける子は書きますが，決めきれない，書けない子は書けていないまま。「どうして書けていないの？　早く決めなさい！」と言ってしまいませんか？

よくある言葉かけ
「自分の意見を書きなさい。どうして，書けていないの？」

個と集団を育てる言葉かけ
「自分の意見をズバリと書きなさい」

　「幸せか幸せではなかったか，**ズバリと書きましょう**」と言うと，全員がノートに自分の立場を書きました。次に，「では，その理由を書きましょう」と言うと，子どもたちの鉛筆がどんどん走りました。ノートには理由がいっぱいです。立場を先に決めると，次に考えるのは「理由」だけです。

　その後，グループで交流をさせると，話し合いは盛り上がりました。全員が考えを書いていたからです。教科書をもう一度手に取り，「やっぱりさ，こう書いているからさ～」と思考も深まります。同じ意見の人を集め，交流させたときには，多くの理由が集まり，意見の違いを楽しんでいました。

　話し合いの楽しさを学級の子どもたちが感じたとき，学級の空気はあたたかくなります。

〈大西　佳花〉

全員参加を促す言葉かけ

「書かないと後の話し合いでは 相手になりませんよ」

 ## 言葉かけのねらい

　個人思考の後，交流させたいのに，考えを書かずに止まっている姿を見たとき，「ああ，もう！」とやきもきしたことはありませんか？　話し合いをするときに自分の意見をもっていないと「参加者」になれず，そこにただいるだけの「出席者」になってしまいます。「ノートは，頭の作戦基地」です。考えていることを，ノートにアウトプットさせておかないと，思考は整理できません。全員を「参加者」にさせるために，交流前には必ずノートに意見を書かせておきたいものです。

　「書かないと後の話し合いでは相手になりませんよ」は，「出席者」にさせないために，全員に意見をもたせるときに使う言葉かけです。「全員参加」の授業を仕組むには，一人ひとりが自分の意見をもたなければいけません。この後に話し合いが待っているという見通しをもたせて，考えを書かせていきます。

　「参加者」ばかりの話し合いは，白熱して盛り上がります。話し合いの楽しさを知っている子なら，書くことが得意な子も苦手な子も一生懸命書くことでしょう。

 ## 言葉かけの場面

　5年生を担任したときに，Hさんに出会いました。前学年まで，友達とのトラブルも多い子どもでした。勉強は「おもしろくない」と言い，中でも

「書くこと」は苦手で，ノートも書きたがりませんでした。1学期，2学期とかかわっていく中で，私や友達とのつながりも強くなっていき，Hさんが得意としている算数は，自分の考えをノートに書いて，みんなに説明できるようになっていきました。しかし苦手意識をもっている国語では，なかなか鉛筆が進まないことがありました。そんなとき，みなさんなら，どんな言葉かけをしますか？

よくある言葉かけ
「早く書きなさい！　後で話し合うんだから！」

個と集団を育てる言葉かけ
「書かないと後の話し合いでは相手になりませんよ」

　5年生の説明文「天気を予想する」では，筆者の書き方の工夫を見つけさせました。まずは，個人思考です。授業では，付箋に工夫を1つだけ書かせました。鉛筆が進まないHさんを見つけ，私は，**「書かないと後の話し合いでは相手になりませんよ」**と学級全体に言いました。すると，さっと鉛筆を持って，書き始めました。「やばい，おいていかれる」「自分だけみんなと話ができない」と思った子はきっとHさんだけではないでしょう。この後，書いた付箋を持ち寄り，班ごとに話し合いながらまとめることができました。

　「みんなと話し合うことは，楽しい，おもしろい」と子どもたちが感じるようになると，話し合い前の個人思考は，ワクワクします。「書きたくない」子も，話し合いが好きならば，一生懸命書いて考える姿が見られるはずです。

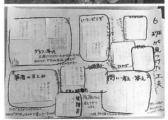

〈大西　佳花〉

その他の言葉かけ

実況中継で，考えを多く書かせる言葉かけ
「○○選手，もう５つ目です」（１学期）

　自分の考えを書いているときには，「みんなはどのくらい書いているかな？」と友達の進捗状況も意識しがちです。そんなときに，ユーモアを交えながら進捗状況を実況中継すると，「もっと書こう！」「おっ，追いつくためにがんばろう！」と子どもたちの鉛筆もどんどん走っていくはずです。

安心して考えを多く書かせる言葉かけ
「まず量です。質は後でいいのです」（１学期）

　自分の意見を書き始めるときに，「これでいいかな？」「おかしくないかな？」「上手に文にできないんだけど……」と不安になる子どももいます。そんなときに，「質は後でいい」と聞くと，子どもたちは，自分の考えが，間違っているか間違っていないか，考えが浅いのか深いのか考えず，「よし！　とりあえずたくさん書いてみよう！」と安心して，書くことができます。

集中して書かせる言葉かけ
「一心不乱に書くのです」（２学期）

　いつも耳にする言葉は，聞き流されてしまうことがあります。子どもたちがいつも耳にしている，「集中して」ではなく，「一心不乱」という四字熟語

を使って言うことで，ハッとさせ，「1つのことに集中して，他のことのために心の乱れがなく」書くことができるはずです。「一心不乱って何？」と聞いてきたら，一緒に調べて，「なるほど，じゃあ，みんなで一心不乱に書いてみよう！」と声をかけるのもいいかもしれませんね。

一気に書かせる言葉かけ
「5分で1ページを書きましょう」（2学期）

「何を書こうかな〜」と考えているうちに時間はどんどん過ぎていってしまいます。「○分で書きなさい」とよく言いますが，そこでページ数まで指定することで，「え！急いで書かなきゃ！」と子どもたちは一気に，そして集中して書き始めます。

書くことと成長はつながっていることを自覚させる言葉かけ
「書ける人は成長していく人です」（3学期）

人は，書くことで頭の中を整理することができます。自分が考えていることを言葉にし，文にするということは，インプットしたものをアウトプットするということです。つまり，「書いたこと」は自分の頭の中で考えたことです。考え続けることは成長につながります。たくさん書くことは，「成長」につながっていきます。

〈大西　佳花〉

望ましい読み方を意識させる言葉かけ

「はっきりと，そしてスラスラと」

 言葉かけのねらい

　「はっきり，スラスラ」は音読の基本です。また音読は，話すことの土台にも通じています。「はっきり，スラスラ」話すためには，「はっきり，スラスラ」読むことが大切なのです。この言葉かけは，「はっきり，スラスラ」の読み方の視点を与えることで，どんな声の出し方で，どんな速さで読むかを意識させることをねらいとしています。

　音読をさせても，モゴモゴと口先だけで読み，何と読んでいるかわからない。つっかえ，つっかえ読んでいて，内容が聞き取りづらい。そんなことはありませんか。「はっきり」だけを意識すると，スピード感に欠けたダラダラした読み方になってしまいます。「スラスラ」だけを意識すると，読み飛ばしたり，読み間違ったり，内容が伝わりづらいです。望ましい音読の基本は，「はっきり」と「スラスラ」のどちらもできることです。「はっきり，スラスラ」という読み方ができているかをふりかえらせたいときに使う言葉かけが「はっきりと，そしてスラスラと」です。

言葉かけの場面

　3年生を担任したときのことです。とても元気のよいクラスで，音読するのも元気いっぱい，一生懸命に音読をしていました。しかし，その読み方は「はっきり，スラスラ」というよりも「人に負けないくらいの大きな声で」という感じでした。その中に，日頃はあまり発表しないＩさんがいました。

他の子が音読する中，そばに寄って，その子の音読を聞いてみると，声はあまり大きくなかったものの，一つひとつの言葉を大切にしながら「はっきり，スラスラ」と読んでいました。

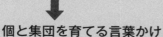

よくある言葉かけ
「大きな声で読みなさい」

➡

個と集団を育てる言葉かけ
「はっきりと，そしてスラスラと」

　そこで私は，Ｉさんの音読をみんなに聞かせることにしました。日頃，あまり発表しない子なので，他の子はどんな音読をするのか，興味津々でした。みんなの前でＩさんに音読をさせた後，私は「Ｉさんの音読のすばらしいところはどこだと思いますか。先生は，Ｉさんの音読のすばらしいところは２つあると思います。それは**『はっきりと，そしてスラスラと』**読んでいるところです。聞いている人が一番聴きやすい読み方は**『はっきりとスラスラと』**読むことです。声が大きすぎて，怒鳴る読み方は何と言っているかわかりません。引っかかったり，読み間違ったりすると聞きにくいです。Ｉさんのように，**『はっきりと，そしてスラスラと』**読みましょう」と話しました。その後，子どもたちは先ほどのお手本を参考にしながら，一音を意識しながら読んだり，読み間違わないように指で文章を追ったりして読んでいました。実は，このエピソードには後日談があります。「はっきりと，そしてスラスラと」のお手本を示してくれたＩさんは，そこで自信をつけたのか少しずつ発表するようになり，その後**「はっきりと，そしてスラスラと」**話すお手本の姿を見せてくれました。「読む」ことで培ったコミュニケーションの素地が，「話す」に転化した姿でした。

〈岡本　徳子〉

チャレンジ精神に火をつける言葉かけ

「汗が出るまで音読します」

 ## 言葉かけのねらい

　音読は，国語だけでなく，算数の文章題を音読する，授業のめあてを音読するなど，いろいろな教科で行われます。音読を通じて，まず書き言葉が頭に入ります。さらに，書き言葉が頭に入ることによって，話し言葉の土台ができるなど，音読の効用はたくさんあります。この言葉かけは，「汗が出るまで」という，具体的で，ちょっと楽しい目安を設けることで，子どもが主体的に音読に取り組むことをねらいとしています。

　宿題に音読を出すと子どもたちが「えぇー！」と言うことがありませんか。それは，「ただ読まされる」音読に，子どもたちが飽きてしまっているからだと思います。授業中，音読の課題を与えたとき，はじめは読んでいても，気がつくとぼーっとしていたり，手遊びをしていたり，音読に意欲的になれない子どもがいます。子どもたちは，同じことの繰り返しやマンネリを嫌います。反対に，新しいこと，ゲーム性のあることは大好きです。子どもたちがゲームが好きな理由の1つに「ゲームは，何をしたらクリアかがわかりやすい」ということがあるそうです。**「汗が出るまで音読します」**の言葉かけは，「汗が出るまで」というわかりやすい達成目標を与えて，子どものチャレンジ精神に火をつけることができます。

 ## 言葉かけの場面

　4年生の国語の学習で説明文の学習をしました。体育の後で疲れたのか，

教室の雰囲気は，どこかドンヨリしていました。「一段落を音読しましょう」と声をかけると，音読はするのですが，目は虚ろ，今にもため息が出そうに音読していました。「それではダメです。どんどん読みなさい！」と言いかけましたが，そう言葉かけをしたとしても，結局は「読まされている」と感じるだけだと思いました。

よくある言葉かけ
「**どんどん読みなさい**」

個と集団を育てる言葉かけ
「**汗が出るまで音読します**」

そこで私は，**「汗が出るまで音読します」**の言葉かけをしました。「汗が出るまで」に対して，子どもたちは「無理〜！」と言いましたが，その顔はニコニコとうれしそうでした。無理かどうかはやってみないとわからない，ということで，音読を再開しました。すると，すごく早口で息を吸うことを忘れたように音読する子，教室内をグルグル動き回りながら音読する子，頭にノートを置いて音読する子など，それぞれが「汗をかくための努力」をしていました。教室の中には子どもたちの音読の熱気が満ちあふれ，本当に汗をかくのではないかと思うほど，子どもたちは主体的に取り組んでいました。

「音読をする」という目的に向かうには，たくさんの道筋があると思います。ただ「読みなさい」では，子どもたちは音読に意欲的に取り組むことはできません。「○○まで」にいろいろな言葉を入れながら，子どもたちが「読みたくなる」音読への道筋を教師と子どもたちで楽しみながら探し，取り組んでいけるといいですね。

〈岡本　徳子〉

全体の学びのスピードを上げる言葉かけ

「1回読んだら『読みました』と言いに きなさい」

 ## 言葉かけのねらい

　授業中「今，学びのリズムがいいな」と感じる瞬間があります。「どんどん読む」「どんどん書く」「どんどん話す」の学びのリズムがあるときは，全体の学びのスピードも速く，子どもたちも笑顔です。この言葉かけは，教室全体に学びのリズムをつくり，全体の学びのスピードを上げることをねらいとしています。

　授業中，「読む」場面で，ダラダラと読む子，やりたがらない子はいませんか？　そういう雰囲気が教室に増してくると，学びのリズムが悪くなり，全体の学びのスピードが遅くなってしまいます。

　「1回読んだら『読みました』と言いにきなさい」の言葉かけは，読むというめあてに，「終わった子どもから教師に報告する」というめあてをプラスすることによって，子どもの「読む」気持ちに火をつけることができます。「読む，読む，読む……」の単調なリズムでは，飽きてしまい，意欲的になれない子どももいます。しかし，「読む」「立つ」「先生に言いに行く」「ほめられる」の変化があるリズムであれば，子どもたちも読むことに積極的に取り組むことができます。また，他の子どもが教師にどんどん言いに行っている様子を見た子どもが「自分も早く読み終わりたい」と思うように，子どもたちの読む意欲がさらに高まり，学びのスピードもより速くなります。「1回読んだら『読みました』と言いにきなさい」の言葉かけによって，教室全体に，お互いを刺激し合うような，音読のプラスのストロークが生まれます。

言葉かけの場面

　1年生で，国語の説明文の学習をしました。個人で読むのは上手になって
きたので，ペアで音読することにしました。ところが，ペアの音読の様子を
見ると，音読そっちのけでおしゃべりをしている子，自分の読む番が終わっ
たら，相手が読むのも聞かずぼんやりしている子，など，読もうとする意欲
に欠けている，間延びした様子が見られました。

> **よくある言葉かけ**
> 「何回も何回も読みなさい」
>
> **個と集団を育てる言葉かけ**
> 「1回読んだら『読みました』と言いにきなさい」

　そこで私は，「ペアで1回読んだら『読みました』と言いにきなさい」と
伝えました。すると子どもたちは，他のペアより早く言いに行きたいと思っ
たのか，「早く読もう」と目の色を変えて，一気に音読のスピードを上げて
いきました。読み終わったペアが私のところにきたとき，「読みました」と
誇らしげな顔をしていました。「早いね。じゃ2回目！」と言うと，二人と
も小走りで席につき，すぐに2回目を読み始めていました。

　この「読んだら言いに行く」方法は，いろいろなやり方に活用できます。
例えば，言いに行く人を教師ではなく，子どもにしたり，「1回読んだら
『ヤッター！』とバンザイしなさい」と中身を変えたり，1回読んだら立つ，
2回読んだら黒板の前に移動など，工夫次第でバリエーションを増やせます。
子どもに読むことだけを求めるのではなく，「先生に言いに行く」や，「読ん
だら次のステップにいく」という「仮目標」をもたせることで，意欲的に音
読に取り組ませることも大切だと思います。　　　　　　　　〈岡本　徳子〉

言葉の世界を広げさせる言葉かけ

「この意味は？
辞書を引かないから知っていると思った」

 言葉かけのねらい

　「言葉で人を育てる」と菊池氏はいわれています。成長する教室に，「言葉」は，欠かすことのできないキーワードです。子どもたちが，言葉で自分を表現し，言葉で友達とつながるためには，まずは言葉を知ることが大切です。さらに，言葉の意味や由来など，言葉の世界を広げることも大切です。辞書には，子どもたちがまだ出会ったことのない言葉の世界が広がっています。新しいことを知る，新しいことに出会うということは，子どもにとっても，大人にとっても楽しいことです。

　今，自分の気持ちを表現する言葉は「ウザい」「キモい」「ヤバい」だけというような，いわゆる「ボキャ貧」が深刻化していると聞きます。また，何か感想を尋ねれば「うれしかったです」「楽しかったです」など，誰でも言えるような，おきまりのパターンの言葉でしか感想を言えず，「もうちょっと他に言い方はないのかな？」「この子が本当に伝えたいことは何だろう」と思うことがあります。子どもたちには，自分の思っていることや気持ちを，真に伝えられる言葉を獲得してほしいと思います。

　「この意味は？　辞書を引かないから知っていると思った」という言葉かけは，学びをなんとなくわかったという状態で終わらせずに，辞書を引いて，言葉の意味を知ることで，学びの質を高めたり，深めたりする効果があります。たくさんの言葉を蓄え，自分の思いや気持ちを豊かに表現できる子どもになってほしいと思います。

言葉かけの場面

　4年生の総合的な学習の時間で，地域の自慢の生き物について調べ学習を行いました。タブレットを使って調べたり，地域のくわしい方にインタビューをしたりしました。生き物が好きな子どもが多かったので，とても意欲的に調べていました。子どもたちのワークシートには，メモがびっしりでした。しかし，中には「両生類」「特別天然記念物」「生態」など，日頃，聞き慣れない言葉がありました。子どもたちは，ワークシートにびっしりメモできたことで満足しているようで，その意味まで考えている子どもはあまりいませんでした。

> **よくある言葉かけ**
> 「いっぱい書けたね」
> ⬇
> **個と集団を育てる言葉かけ**
> 「この意味は？　辞書を引かないから知っていると思った」

　そこで私は，「この意味は？　辞書を引かないから知っていると思った」の言葉かけをしました。すると，子どもたちは「そうか，辞書があった」と，それぞれ意味がわからない言葉を辞書で引き，ワークシートに書き込んでいました。調べたことの意味がさらに理解できたので，子どもたちはとてもうれしそうでした。また，辞書も使って，深く調べた経験は子どもたちの自信につながったようで，「生き物のことなら何でも聞いてください」と，誇らしげでした。辞書を引き，一つひとつの言葉を理解し知ることで，成長した自分を実感することができたのだと思います。

〈岡本　徳子〉

「一人が美しい」を発揮させる言葉かけ
「最後の一人になっても声を落としません」

 ## 言葉かけのねらい

　「一人が美しい」という言葉（価値語）があります。周りに流されず，一人でも自分の考えをもって行動できることは大切なことです。反対に，なんとなく空気に流され，「一人」になることから逃げる「群れ」的な行動をしてしまう子どももいます。**「最後の一人になっても声を落としません」** の言葉かけは，「一人」でも自信をもって行動し，自分らしさを発揮することをねらいとしています。例えば，授業中「教科書の○ページを音読します。3回読んだ人から座りましょう」のような音読練習の指示を出したとします。子どもたちは，「早く読み終わりたい」「友達に負けたくない」という気持ちから，一気に読み始めます。早く読み終わった子が，だんだんと席についていくと，残った子どもの声が教室に響き始めます。しかし，最後の二人のときまでは調子よく読んでいたのに，最後の一人になった瞬間，急に声が小さくなる，もしくは，読むのをやめて座ってしまうということはありませんか。その子はもしかすると「最後の一人になって恥ずかしい」「最後の一人になるのはダメなことだ」と否定的に考えているのかもしれません。「一人」でも自信をもって，最後まで読んでほしいときに使う言葉かけが **「最後の一人になっても声を落としません」** です。

言葉かけの場面

　5年生の，国語の学習のときのことです。「一段落を読んだら座りましょ

う」と指示を出しました。すると，早く読み終わった子どもがどんどん座っていきます。読み終わっていない子どもはそれを横目で見ながら，焦ったように読んでいました。そして，最後の一人になりました。その子どもはまだ途中までしか読めていませんでしたが，モゴモゴと小さい声でなんとなく読んで座りました。

よくある言葉かけ
「ちゃんと読みなさい。やり直し！」

個と集団を育てる言葉かけ
「最後の一人になっても声を落としません」

そこで私は，「もう一度音読をします」と伝えました。「音読は人と比べるものではありません。自分の読み方で読みます。そして，たとえ**最後の一人になっても声を落としません**」と言葉かけをしました。先ほど最後になった子どもはハッとした顔をしました。その後，もう一度音読をしました。すると，さっきと違う子どもが最後になりました。その子は音読が苦手な子でした。しかし，最後まで声を落とさずに読み続けました。教室の中にはその子の一生懸命に読む声が響いていました。その子が読み終えて座ったとき，教室で自然と拍手が起こりました。私は「これが『最後の一人になっても声を落とさない』のお手本ですね」と話しました。「最後の一人のプレッシャー」に負けて適当にすませるのではなく，「最後の一人の晴れ舞台」とポジティブに捉えながら，子どもたちが自分らしく，自分の読み方で読めるよう，背中を押していきたいです。

〈岡本　徳子〉

その他の言葉かけ

進んで解決しようとする動きをつくる言葉かけ
「読めない言葉をジャンジャン聞きにきなさい」（1学期）

　「わからないこと＝恥ずかしいこと」と，わからないことを隠す子どもはいませんか。また「先生に『読めません』って言ったら怒られるかも」と不安に思う子どももいるかもしれません。そんなときに，「ジャンジャン聞きにきなさい」と言葉をかけられると，安心して聞きに行くことができます。「本当に恥ずかしいこと＝読めない言葉をそのままにしておくこと」です。

読むことに自信をつけさせる言葉かけ
「いい声だ。君らしい読み方だ」（1学期）

　学級の中に安心感や信頼関係が構築されていないと，子どもは自信をもって読むことができません。人前で読むことが苦手な子であればなおさらです。そんなときに「声が小さい」と否定的な言葉かけをするのではなく，「その子らしさ」を認め，ほめてあげることで成長しようとする背中を押してあげましょう。子どもの心の温度が上がっていくと思います。

読むスピードを上げさせる言葉かけ
「眼球を動かしなさい」（2学期）

　文字を速く読むためには，素早く目で文字を追う力が必要です。「眼球を動かす」という具体的な行動目標を示すことで，子どもは，どのように読め

ば速く読めるかを理解することができます。速く読むことによって，たくさんの文を読むことができますし，それによって内容をさらに理解することができます。トレーニングとして「1分間で○○文字」と指定して速読させるのも楽しいですよ。

読むことへの意識を高める言葉かけ
「日本人が日本語を読めないでどうする」（2学期）

　これからの国際社会を生きていく子どもたちは，自分の国の言葉や文化など，日本人としてのアイデンティティをもつことが大切です。「この漢字読めない。あはは〜」ではなく，「しっかり日本語を読めるようにならなくちゃ」という気持ちを後押しする言葉かけです。

言葉にこだわって読ませる言葉かけ
「言葉で考えるのが人間です」（3学期）

　唯一，人間だけがもっているコミュニケーションツールである言葉。人間として，この得意技を利用しない手はありません。思いつきで考えたり，適当にすませたりせずに，一つひとつの言葉を大事にして考えてほしいと思います。言葉が違えば，意味にも違いが出てくるはずです。言葉を読み，言葉から感じ取り，言葉で考えるようになってほしいです。　　　　〈岡本　徳子〉

ペア学習

話し合いに「参加」するという心構えをもたせる言葉かけ
「お願いします」「ありがとうございました」

 ## 言葉かけのねらい

　ペア学習をさせる際は，話し合いのルールを決めて話し合いをさせることが大切です。まずは，**「お願いします」「ありがとうございました」**という，はじめと終わりのあいさつを必ずすることを約束します。

　この言葉があるのとないのとではペアの対話内容が大きく変わります。「お願いします」とあいさつをすることで，「出席者」から「参加者」になります。そして，「ありがとうございました」と言ってもらうのであれば，それなりに自分の意見を述べる必要があることから責任感も出てきます。

　ペア学習をさせるときに，毎回**「お願いします」「ありがとうございました」**とあいさつをさせる言葉かけをすることで，子どもたちに話し合いに「参加」するのだという心構えと，話し合いに対する責任感をもたせることができます。

 ## 言葉かけの場面

　4年生の担任となり，始業式の次の日。友達との対話の楽しさを知ってもらおうと「口に二画たしてできる漢字を探そう」という授業をしました。「4年生レベルなら10個は見つけられるね」という言葉に子どもたちは意欲満々です。最初は一人でノートに書いていきますが，意外にも鉛筆が進みません。5分経っても，10個漢字を見つけられた子は一人もいませんでした。がんばりをほめつつ，「まだ，3年生レベルかぁ」と笑顔で言うと，「友達と

相談していいですか？」と子どもたち。「話し合って漢字を増やせたのなら
それもあなたたちの実力だね」とペアでの話し合いをするように言いました。

よくある言葉かけ
「じゃあ，話し合いスタート」

個と集団を育てる言葉かけ
「『お願いします』で始めて『ありがとうございました』で終わります」

　すぐに話し合いを始めようとする子どもたちに対して，私は，「話し合い
をするということは，お互いを賢くし合うということです。だから，ペアの
相手に感謝の気持ちをもって『お願いします』で始めて『ありがとうござい
ました』で終わろうね」と言葉かけをしました。子どもたちは，神妙な顔で
聴いていましたが，「お願いします！」と元気に話し合いを始めました。ど
んどん発想を広げていき，全員が10個以上の漢字をノートに書くことができ
ました。中には30個を超える漢字を発見している子もいました。子どもたち
は「相談したらめっちゃ漢字が出てきた！」「お互いノートに書いてなかっ
た漢字も，話し合いの中で思いついた！」などと，話し合うことで自分の考
えが広がったことを喜んでいました。「じゃあ，自分を賢くしてくれたペア
の友達に感謝だね」と言うと，子どもたちは照れながらもにこにこして「あ
りがとうございました」と言い合っていました。それからも，ペア学習のた
びに「『お願いします』で始めて『ありがとうございました』で終わります」
と言葉かけを続け，私が言わなくても「お願いします」「ありがとうござい
ました」と言ってペア学習を進めていくことができるようになりました。礼
に始まり礼に終わることを1年間繰り返すことで，はじめはなかなか自分の
気持ちを話せなかった子も，ペアやグループでの話し合いに「参加」するこ
とが当たり前にできるようになりました。

〈伊東　大智〉

誰とでもすぐに話せる心構えを育てる言葉かけ

「パッと向かい合いなさい」

 ## 言葉かけのねらい

　誰とでもパッと向かい合ってすぐに話すことができる子どもを育てるための言葉かけです。

　授業中，ペアで話し合いをさせる場面で「じゃあ，隣の人と話し合いましょう」と，「丸投げ」の指示をするだけで終わっていませんか。ペア学習では，よりよい話し方や聞き方という対話の基本を指導し，よりよい対話を体験させることが大切です。そのためには，まず，「正対して」互いの話を聞き合うことから始めさせます。高学年にもなれば，隣同士で向き合うことに抵抗を示す子どももいます。指導なしでは，その子はよりよい対話を体験せずに1年を過ごすことになるでしょう。**「パッと向かい合いなさい」**と，1学期のはじめから定着するまで何度も何度も言葉かけを続けることで，クラスの子どもたちに誰とでもすぐに話せる心構えを育てていきましょう。

言葉かけの場面

　6年生を担任した4月当初。ペアでの話し合いは「お願いします」で始まり「ありがとうございました」で終わること，「正対して聴き合う」ことなどを何度も確認しながらペア学習を進めていきました。しかし，「ペアで話してみよう」と指示をしても，なんとなくだらしない空気が漂っているのが気になりました。子どもたちの様子をよく見てみると，話し始めるまでに数秒かかってしまっていることが原因であることがわかりました。クラス替え

したばかりのメンバーで話し合うこと，男女で向き合い話すことに抵抗があったのでしょう。互いに向き合うまでの時間が長いのです。中には，ペアの女子に向き合おうとも，目を合わせようともしない男子もいます。

> よくある言葉かけ
> 「早く話し始めなさい！」
>
> 個と集団を育てる言葉かけ
> 「パッと向かい合いなさい」

　私は，一度話し合いをやめさせ，話し合う視点を追加した後，「では，また話し合ってみよう。さあ……**パッと向かい合いなさい**」と言葉かけをしました。子どもたちの正対するスピードがぐんと上がりました。スピード感が増したことで，「お願いします！」の声も勢いが増し，話す表情や声も明るくなりました。私はこれまでの話し合いからの変化や，にこやかに話していたペアのこと，男女誰とでもパッと向き合えることのすばらしさを子どもたちに伝えました。その日から，「パッと向かい合いなさい」だけでなく「0.5秒で向き合おう」「〇〇さんと〇〇さんペアはスピード感とテンポのよさが違う」などと言葉かけを重ねて

いきました。4月が終わる頃には，男女問わずパッと向き合うことが当たり前となり，授業にリズムが出てきました。クラスに定着するまで粘り強く言葉かけを続けることが大切であることを改めて感じました。

〈伊東　大智〉

一言一句逃さずに聞かせる言葉かけ
「傾聴しなさい。
そっくりそのまま話せるようにしなさい」

 ## 言葉かけのねらい

　友達の話をただなんとなく聞くのではなく，一言一句逃さずに聞かせるための言葉かけです。

　「聞く」ことが学習やコミュニケーションの一番の基本です。しかし，ペア学習の際，「なんとなく聞いている」「心が違う方に向いている」ような聞き方の子どもも多いと感じます。そのような聞き方では，互いの考えを深め合うことも，よりよい人間関係を築いていくこともできません。

　「傾聴する」とは，「注意を払って，より深く，丁寧に耳を傾けること」です。ペアの友達の話をそっくりそのまま話せるほど丁寧に耳を傾けるような聞き合いができれば，互いに学びを深め合い，さらに良好な人間関係をつくっていくことができるでしょう。

　「傾聴しなさい。そっくりそのまま話せるようにしなさい」という言葉かけは，子どもたちの対話のレベルをぐんと引き上げます。もちろん，「傾聴する」「そっくりそのまま話す」という言葉の意味を子どもたちと丁寧に確認することは不可欠です。

 ## 言葉かけの場面

　2学期，ペアでの話し合いにも慣れ，誰とでも話し合える雰囲気ができてきた4年生の子どもたち。算数の学習で，自分が考えた問題の解決の仕方をペアで話し合いました。ペアで話した後，「ペアの友達の考えが言える人？」

と問いかけると，半分ほどの子しか手が挙がりません。和気あいあいと話し合いをしていた子どもたちですが，相手の話す内容に注意深く丁寧に耳を傾けること，相手の意図を心から汲もうとすることができていない現状がありました。

よくある言葉かけ
「ちゃんと話を聞こう」

個と集団を育てる言葉かけ
「傾聴しなさい。そっくりそのまま話せるようにしなさい」

　ここで，「ちゃんと話を聞こう」や「しっかり聞かないと」という漠然とした言葉かけでは，どのように聞くことが「ちゃんと」「しっかり」聞くことなのか子どもたちにはわかりません。私は，「傾聴する」と黒板に書き，その意味を国語辞典で調べさせました。意味を全員で確認した後，**「傾聴しなさい。そっくりそのまま話せるようにしなさい」**と言葉かけをしました。
　その後のペア学習は今までで一番真剣に聞き合う時間となりました。「そっくりそのまま話せる」ようにすることを意識するため，話を聞く子は聞き逃さないように自然と前のめりになっています。聞き逃すと「もう1回言ってくれる？」と聞いたり，中には「それってどういうこと？」と問い返したりする子も出てきました。話す側も，聞き手の傾聴の姿勢に応えるように真剣に自分の考えを伝えようとしています。これまでの話し合いは，「自分の話したいことを形式的に話して終わり」であったことを痛感させられました。
　それからも，子どもたちと何度も「傾聴すること」「そっくりそのまま話せるようにすること」を確認し合うことで，友達の考えを知りたい，自分の考えを伝えたいという「熱」がこもったペア学習へと進化していきました。

〈伊東　大智〉

思いやりをもって対話に臨む姿勢を育てる言葉かけ

「相手から『ありがとう』と言っていただける人になろう」

 ## 言葉かけのねらい

　ペアでの対話にいつも思いやりをもって臨もうとする姿勢を育てる言葉かけです。ペア学習をする際に，めんどうくさそうな，友達に対して不遜な態度で話し合いに臨む子どもがいます。不遜な態度とまではいかなくとも，あまり乗り気ではなくただ形式的に応答するだけの子どもは少なからずいると思います。どちらにも共通していえるのは，相手に対する「思いやり」がないということです。菊池氏は，コミュニケーション力について「コミュニケーション力＝（内容＋声＋態度＋a）×相手への思いやり」という公式で表現しています。一番大切なのは，「相手への思いやり」です。いくら，内容がすばらしく，声の出し方，目線，ジェスチャー，具体物を示しながら話すなどの技術があっても，「相手への思いやり」が0であれば，コミュニケーション力は0になってしまいます。相手から「ありがとう」と言ってもらうには，「相手への思いやり」が不可欠となります。よりよいコミュニケーションは，相手のことを好きになる，相手とよい関係をつくるという意識なしには生まれてきません。**「相手から『ありがとう』と言っていただける人になろう」**という言葉かけは，そんな「相手への思いやり」を大切に対話に臨もうとする姿勢を育てていきます。

言葉かけの場面

　話し合いを何度も何度も重ね，誰とでも楽しんで対話できる雰囲気ができ

てきた6年生の教室。しかし，自分の考えを「ただ言う」だけ，友達の考えを「形式的に」聞くだけの姿もちらほら見られました。原因は，「相手軸」のなさだと感じました。互いに正対して話し合ってはいるものの，「相手のために」話し，聞こうという意識が薄いのだと感じました。

> よくある言葉かけ
> 「相手のことをちゃんと考えよう」
>
> 個と集団を育てる言葉かけ
> 「相手から『ありがとう』と言っていただける人になろう」

　私は，思いやりをもって話し合いに臨んでいる子どもたちの具体的な姿を取り上げながら，「コミュニケーション力＝（内容＋声＋態度＋α）×相手への思いやり」の公式を紹介しました。また，「自分も，相手も成長できる話し合いにしていきたいね」と話し，**「相手から『ありがとう』と言っていただける人になろう」** と言葉かけをしました。ある男の子は，この言葉で話し合いの様子が劇的に変わりました。今まで，自分がノートに書いてあることを言うだけだったのが，自分のノートを指し示しながら自分の考えを伝え，

「わかる？」と相手の反応を見ながら話を続けているのです。ある女の子は，ペアの男の子のノートに図をかき入れながら計算の仕方を教えていました。私は，二人の様子を取り上げほめました。クラス全体にも，相手の立場に立って話したり聞いたりする風土が育っていきました。

〈伊東　大智〉

ペア学習

対話の質を上げる言葉かけ
「意味の含有量（話の密度）を増やしなさい」

 ## 言葉かけのねらい

　ペアでの対話の内容のレベルを上げさせるための言葉かけです。

　「30秒，ペアで話しましょう」と指示を出すと，互いが意図をもって内容のある対話をしているペアもあれば，対話の中に「えー」「あー」という不必要な言葉が多かったり，沈黙の時間が長かったりと，あまり内容のない30秒となってしまっているペアもあるのではないでしょうか。ペアでの対話に慣れ，良好な関係を築いていくことができている子どもたちに次に求めるのは，対話の「質」です。「意味の含有量」とは，「一定時間の対話にどれだけの意味が含まれているか」ということです。対話の中の無駄をなくし，30秒の対話の内容がより密度の高いものとなれば，子どもたちの思考はさらに深まり，成長曲線はさらに加速していきます。**「意味の含有量（話の密度）を増やしなさい」**という言葉かけは，友達とより内容が濃く質の高い対話をつくっていこうとする姿勢を育てていきます。もちろん，対話の意味の含有量を増やすには，短文で話すこと，結論を先に話すこと，ナンバリングやラベリングをすること，具体例を挙げること，リアクションをすること，テーマに沿った質問をすることなどといった対話の技術も一緒に指導していくことが大切です。

 ## 言葉かけの場面

　何百回とペア学習を進めてきた6年生の子どもたちは話し合いを心から楽

しむことができているようでした。しかし，ペアによってはいまだに内容が乏しかったりテーマから話が逸れたりする様子が見られました。私はさらに子どもたちの対話の質を上げ，学びを加速させたいと思いました。

よくある言葉かけ
「もっと内容を濃くしよう」

個と集団を育てる言葉かけ
「意味の含有量（話の密度）を増やしなさい」

　そこで私は，「意味の含有量を増やす」と板書しました。子どもたちとその言葉を確認しながら，どうしたら一定時間の対話の密度が上がるのかを一緒に考えていきました。これまでも話し方や聞き方の技術については話してきたので，「最初に結論を述べる」「ナンバリングをする」などの話す技術が挙げられました。またその中で，聞き手の質問もとても大切であるということに気づいた子もおり，話し手と聞き手，二人で意味の含有量を増やしていくことが大切だと確認しました。

　すぐに話し合いがレベルアップすることはありませんでしたが，子どもたちは意識的に話し合いに取り組み，日が経つごとに話の密度が高まっているのを感じることができました。

〈伊東　大智〉

その他の言葉かけ

思いやりをもって対話に参加しようとする態度を育てる言葉かけ
「人間が好きなのですね。一番人間らしいですね」（1学期）

　話し合いをしていると，相手の目を見てうなずきながら，心から「聞いているよ」というメッセージを送るような聞き方をしている子どもがいるはずです。「人間が好きなのですね。一番人間らしいですね」と本気でそのすばらしさをほめることで，思いやりをもって対話に臨もうとする雰囲気をつくっていきます。

対話力を磨いていこうとする態度を育てる言葉かけ
「対話力はその人の成長のバロメーターです」（1学期）

　話し合いとは，自分の考えを述べ，相手の意見に耳を傾けることで，様々な価値観があることを知ること，様々な価値観をすり合わせることによって，新しい価値観を見出すことです。対話力を育てることは，自分の中の価値観をひろげていくことにつながります。「対話力はその人の成長のバロメーターです」という言葉を贈ることで，子どもたちは成長のために対話力を磨いていこうとします。

誰とでもすぐに話せる心構えを育てる言葉かけ
「向かい合わない……そんなに彼（彼女）のことが好きなのか？」（2学期）

　男女関係なく誰とでもパッと向かい合い話し合える子どもたちを育てたい

ものです。しかし，恥ずかしさなどからなかなか向かい合えない子どももいます。そんなときには，ユーモアを交えて「向かい合わない……そんなに彼（彼女）のことが好きなのか？」と言葉かけをします。恥ずかしがって向かい合わない姿が恥ずかしいということをはっきりと示すことも大切です。

思いやりをもって対話に参加しようとする態度を育てる言葉かけ
「あなた以外が相手だったら……目の前の人が幸せになる……それでいいのか」（2学期）

　話し合うことへの照れやめんどうくささなどから友達に対して不遜な態度で話し合いに臨む子どもがいます。そんな子どもには，「あなた以外が相手だったら……目の前の人が幸せになる……それでいいのか」と厳しめの言葉かけをします。目の前の相手を大切にしていない自分に気づかせ，反省させます。「相手」の存在を意識させ，自分本位ではなく，お互いのために話し合いをしていることを思い出させる言葉かけです。

自分の力不足を省みさせる言葉かけ
「空白の沈黙はあなたの力不足です。にやけないで耐えなさい」（3学期）

　ペアでの話し合いで，自分の考えがまとまらず，沈黙をつくってしまい，気まずさからにやけてごまかしてしまった経験はありませんか。しかし，それでは自分を省み，対話力を磨いていくことはできません。厳しめの言葉ですが，「空白の沈黙はあなたの力不足です。にやけないで耐えなさい」と言葉かけをすることで，子どもは自分の話し合いに対する準備や対話力の不足を省み，その沈黙を価値あるものへと変えていくことができます。

〈伊東　大智〉

積極的に話し合い活動をするための言葉かけ

「10秒以内に机を移動させます」

 ## 言葉かけのねらい

　子ども同士の関係性がしっかりと築かれていない1学期に効果的な言葉かけです。グループ活動に入る前の段階から，そのグループ活動がうまくいくかどうかが問われています。

　1学期のはじめは，グループの友達同士の関係に不安を感じていたり，友達にどう接したらよいのか考えていたり，相手との距離感を推し量っていたりする子どももいるのではないでしょうか？　そんな気持ちだからといって，だらだらと机を動かしてグループにしていたのでは，よい話し合いは望めません。素早く机を移動させることで，グループの全員が，積極的な態度でスムーズに話し合いに参加できるようにするねらいがあります。

　全員が素早く机を移動させることで，教室の空気がピリッとひきしまり，活発な話し合いにつながります。必要であれば練習させます。また，教師が毅然とした態度で「10秒以内に机を移動させます」と学校という学びの場の規律を示すことも効果的です。思考は行動に表れます。話し合い活動のルールとして，思考開始のスイッチとして，素早く子どもたちを動かしていくことが，積極的な話し合い活動につながっていくと思います。また，素早く行動するために，次にすることを考えて準備するなど，先を読んで行動する力も身につけさせたいです。

言葉かけの場面

　1年生を担任しました。1学期のはじめは，友達と協力するというよりは，まだまだ自己中心的な行動をとることが多い時期です。「机を移動させます」と声をかけても，どう移動させたらよいのか一つひとつ丁寧に説明する必要があります。すぐに理解する子どももいれば，どうすればよいのかわからずにとまどっている子どもなどもいて，子どもたちの凸凹が大きいときです。机を移動させたくても，なかなかスムーズにはいきません。そのようなとき，どのような言葉かけをしていますか？

> **よくある言葉かけ**
> 「早く机を移動させます！　もたもたしません！」
>
>
>
> **個と集団を育てる言葉かけ**
> 「10秒以内に机を移動させます」

　まず，どのように机を移動させるのかを具体的に示したら，慣れるまで何度か練習させます。しかし，同じことを何度も繰り返すと，子どもたちはすぐに飽きてしまいます。そこで，「10秒以内に机を移動させます」と具体的な数値を示して言葉かけをします。タイマーをセットしたり，教師が数を数えたりしてもよいかもしれません。ゲーム的要素を取り入れつつ，楽しく活動させます。すると，自分のことだけで精一杯だった子が，机を素早く動かせない友達のところへ行って手伝っていました。すかさず，その姿を取り上げて「自分のことだけでなく，困っている友達に気づいて助けてあげられるなんて，やさしいですね！　拍手！」とほめます。もう一度机を移動させると，今度は友達を助ける子どもがもっと増えていきました。学級のみんなで助け合おうというあたたかい気持ちが生まれました。　　　　　〈江藤　希美〉

一人ひとりを大切にする言葉かけ

「よい話し合いができるチームは笑顔です」

💬 言葉かけのねらい

　1学期は，担任が変わったり，クラス替えがあったりして，友達とのかかわりが弱い学級が多いのではないでしょうか？　グループ全員ではなく，特定の子どもに発言が偏ってしまい，話し合いに参加できていない子どもはいませんか？　これでは，よい話し合いとはいえません。

　よい話し合いのキーワードの1つが「笑顔」です。「笑顔」をキーワードに話し合いをすると，グループ全員が楽しく話し合いを進めようと意識することができ，話し合いは楽しいんだ！という雰囲気づくりをすることができます。

　無表情な子どものいる教室の空気は冷たいです。コミュニケーションがあふれている教室は，子どもも教師も笑顔です。笑顔の子どもがいる教室の空気はあたたかいです。心の自由が表情に表れているからです。教師が「チームのみんなで意見を言い合えるから，みんなが笑顔なんだね」「チームのみんなが真剣に話を聴いてくれているから，安心して話せるんだね」「よい話し合いができるチームは笑顔です」と，子どもたちの話し合いを観察して気づいたことを伝えます。そうすることで，子どもたちは，よい話し合いのイメージを具体的にもつことができます。子どもたちと一緒に「よい話し合い」について考えてもよいでしょう。一人ひとりが，相手のことを思いやりながら話し合いをすることで，全員が笑顔で参加できる話し合い活動を目指します。

言葉かけの場面

　5年生を担任しました。一見，子どもたちの関係性はよさそうに見えるものの，学習の場面となると，意見が強い子どもに引っぱられ，おとなしい子どもや自分の意見がもてていない子どもは，何も言わずにずっと黙ってうなずいているだけでした。グループ学習のときも同じです。これでは，全員が学習に参加できているとはいえません。このようなとき，どのような言葉かけをしたらよいでしょうか？

よくある言葉かけ
「ちゃんとみんなで話し合いをしなさい！」

個と集団を育てる言葉かけ
「よい話し合いができるチームは笑顔です」

　私は，グループでの話し合いの様子をよく観察しました。全員が楽しく話し合いに参加できているチームは，みんな笑顔でした。私は，そのチームのそばへ行き「みんながしっかり意見を出して，話し合いができていますね」と声をかけ，「どうしてみんな笑顔で話し合いができているのですか？」とそのチームのメンバーに尋ねました。「みんながちゃんと話を聞いてくれるから」「うまく言えなくて困っても，助けてくれるから」「みんなで話すのがおもしろいから」と答えてくれました。私は黒板に大きく笑顔の絵を描き，横に**「よい話し合いができるチームは笑顔です」**と書きました。一人ひとりの意見を大事にしているチームのよさをみんなに伝え，みんなで大きな拍手を送りました。「いつでも，誰とでも話し合える教室」＝「笑顔があふれる教室」です。話し合い活動を通して，笑顔あふれる教室をつくりたいです。

〈江藤　希美〉

質より量を目指し，意見交流の楽しさを味わうための言葉かけ
「5分間で100以上の意見を出そう」

言葉かけのねらい

　2学期になって子どもたちの関係性も深くなり，さらに話し合い活動を活性化させたいときに用いると効果的な言葉かけです。菊池氏は『1時間の授業で子どもを育てる　コミュニケーション術100』（中村堂）の中で，「話し合いによる学習のよさは，一人で考えていても知ることのできない多様な考え方や価値に出会えることにあります」と述べています。自分一人では100の意見を出すことが難しくても，グループのみんなで協力すれば，たくさんの意見を出すことができます。グループで意見交流をして，友達の意見を取り入れ，自分の考えを広げたり深めたりさせることがねらいです。

　この活動では，意見の質は問わず，まずは量を出させることを目指します。他の意見に触発されて新しい考えが思い浮かぶという体験をさせることで，話し合いの楽しさと意義を実感するはずです。

言葉かけの場面

　6年生を担任しました。意見をたくさん出し合う場面は多いです。学級目標や運動会など行事の目標を決めるとき，国語の物語文の解釈を考えるとき，社会の授業で資料を読み取るときなど様々です。私は，いろいろな考えを出し合い，学び合うことの楽しさを子どもたちに感じてほしいと思いました。

　社会科で，参勤交代の授業をしました。参勤交代の絵からわかることを箇条書きでノートに書かせます。子どもたちは，個人で見つけたことをノート

に書いていきます。たくさん書けた子ども，あまり書けていない子どもなど，いろいろです。

　ここで，グループにさせて「参勤交代の絵を見て，気づいたことを出し合いましょう。**5分間で100以上の意見を出そう**」と言葉かけをしました。「自分が見つけていなかった友達の考えがあれば，赤でノートにメモします。赤がたくさんあれば，それだけ自分の考えを広げて学べたという証拠です」

　子どもたちはチームのみんなで協力して次々と意見を出していきました。どの子の目もやる気満々です！　勉強が苦手なJ君も絵を見て気づいたことを次々に発表しました。「J君，すごいなあ。よくそんなに見つけられるなあ」と友達に言われ，J君もとてもうれしそうでした。子どもたちのノートは，赤色のメモでびっしりと埋め尽くされていました。友達の意見を取り入れて，自分の考えを広げたり深めたりできたおかげで，いろいろな視点から参勤交代について考えることができました。自分以外の人の意見を聞くことは楽しいということを子どもたちも感じてくれたように思います。自分から積極的に人とかかわり，意見交流する力もつきました。これは，社会に出たときに必要不可欠な力です。その力の礎を今のうちから育てたいです。

〈江藤　希美〉

一人ひとりの意見を大切にするための言葉かけ
「秘密会議にしなさい」

 ## 言葉かけのねらい

　グループでの話し合い活動に慣れてきた2学期の時期に使える言葉かけです。グループ学習をしていると，あちらこちらで話し合いが行われているため，次第に子どもたちは声が大きくなってしまいます。各グループで考えを出し合っていると，子どもたちの熱気とともに，教室内の温度も上昇してきます。白熱した話し合いをするのはよいのですが，教室の中がザワザワとしていて，落ち着いて話し合う雰囲気ではなくなってしまいます。そんなとき，**「秘密会議にしなさい」**と言うことで，子どもたちの声をコントロールします。この言葉かけによって，ざわついた感じがなくなります。子どもたちはお互いに身を乗り出して，自然とひそひそ声で話し合いをしようとします。落ち着いた話し合いをさせるのに有効な言葉かけです。落ち着いた話し合いでは，相手のどんな意見も聞き逃さずに，しっかりと聞くことができます。一人ひとりの意見を大切にするために，話す・聞くがしっかりできる環境で話し合いをさせてあげることが大事だと思います。

言葉かけの場面

　6年生を担任しました。話し合い活動にも慣れてきて，学級ディベートをしていたときのことです。限られた時間の中で，作戦会議をしなければなりません。時間的な焦りと勝ちたい気持ちとが入り混じり，白熱した空気とともに，子どもたちのテンションも上がって，叫び声のような感じになってい

ました。そんなとき，子どもたちのやる気を持続させたまま，落ち着いて話し合いをさせるために，どのような言葉かけをしたらよいでしょうか？

よくある言葉かけ
「うるさいです！　小さな声で話し合いなさい！」

個と集団を育てる言葉かけ
「秘密会議にしなさい」

　子どもたちのやる気が声の大きさとなって表れているのであって，子どもたちが悪いことをしているわけではありません。そんなとき，教師がきつく注意をしても，ほとんど効果はありません。そこで「声が大きくて，作戦が他のチームに漏れてしまいますよ。**秘密会議にしなさい**」と言葉かけをすると，子どもたちは不思議と身を寄せ合ってひそひそと相談するようになります。相手チームに作戦を知られないように，一致団結して話し合っています。男女関係なく，身を寄せ合って一生懸命に話し合う姿は，とても素敵です。

　チーム一丸となって考え，協力している姿を力いっぱいほめました。声のコントロールをして，落ち着いた話し合いをさせようというねらいだけでなく，子どもたち同士の関係性も高まった出来事でした。もし，教師がきつく注意をしていたら，このような関係性は生まれたでしょうか？

　後日，話し合いの様子を写真に撮ったものを見せて，子どもたちとそのよさについて話し合いました。「秘密会議」という事実から生まれた子どもたちのよさをしっかり価値づけて，今後につなげていきました。

〈江藤　希美〉

みんなで学び合う楽しさや喜びを感じる言葉かけ
「フォローしなさい。つなぎなさい」

 ## 言葉かけのねらい

　3学期，協力して学び合う楽しさや喜びを味わわせたいときに使うと効果的な言葉かけです。すぐに自分の考えをしっかりと相手に伝えられる子どももいれば，そうではない子どももいます。いろいろな子どもたちがいるからこそ，学び合えるのです。そのために，話し合いでは，意見を言い合うことだけでなく，協力し合うことを教えます。そうすることによって，意見の量が増え，質も上がってきます。

　グループの話し合いの後に行う交流の場面で，発表の途中でうまく考えをまとめられずに，言えなくなってしまう子どもがいました。自分の考えを思うように言えずに困っている子どもがいたら「誰か，○○さんを**フォローしなさい。つなぎなさい**」と言葉かけをします。友達の不十分な発言に対しては，グループの他の子どもが，意見を補ったり関連づけてふくらませたりします。周りの子どもたちの方が，その子の考えたことや言いたかったことをよく理解し，上手に代弁してくれるものです。自分の考えを最後までしっかりと言うことは大事ですが，うまく言えないときもあります。私は，子どもたちに，みんなで学び合う楽しさや喜びを感じてもらいたいと思っています。

言葉かけの場面

　2年生を担任しました。国語で「お手紙」の学習をしたときのことです。悲しそうながまがえる君の心情を考えました。自分で考えた後，グループで

意見交流をさせ，その後，発表してもらいました。グループでの学びがたくさんあったのでしょう。K君は，友達の意見をたくさんノートにメモしていました。しかし，発表してもらうと，K君は途中で言葉に詰まってしまい，うまく言えなくなってしまいました。そのようなとき，どのような言葉かけをしたらよいでしょうか？

> **よくある言葉かけ**
> 「言えなくなったなら，もう座っていいですよ」（途中で遮る）
> **⬇**
> **個と集団を育てる言葉かけ**
> 「フォローしなさい。つなぎなさい」

　K君は，言いたいことがあるのだけれど，うまく言葉にできない様子でした。そこで**「グループの誰か，K君の言いたいことがわかる人いない？　誰かつないでくれる？」**と言葉かけをしました。すると，グループの友達のL君が，「K君は『がま君は手紙をもらったことがないから，本当の友達がいないんじゃないかなという気持ちになって，寂しくなったのだと思う』って言いたかったんだと思います」とK君の言葉をつないでくれました。

　「K君，どう？」と尋ねると，K君は「うん！　そう！　そう言いたかったんだ」と言ってにっこり笑ってくれました。それを聞いて，L君もとてもうれしそうでした。

　もし，K君がうまく言えなくなったときに，教師が話を途中で切ってしまっていたら，K君はその後，授業に積極的に参加することができていたでしょうか？この出来事から，子どもたちにとって，教室がより安心できる場所になったように思いました。

〈江藤　希美〉

その他の言葉かけ

友達との距離が縮まる言葉かけ
「『イエーイ』と言ってハイタッチをしましょう」（1学期）

　1学期，まだ子どもたちの関係性ができていない時期に使える言葉かけです。

　子どもたちの関係性ができていないと，グループでの話し合い活動もうまくいきません。

　そんなときに「『イエーイ』と言ってハイタッチをしましょう」と言葉かけをして，声を揃えてハイタッチをすると，相手との距離がぐっと近づき，あたたかい関係ができてきます。

安心して意見を出し合うための言葉かけ
「『いいねぇ，いいねぇ』を合言葉にしなさい」（1学期）

　どんな意見に対しても否定しないということを教える言葉かけです。

　その意見の内容だけでなく，その話をした前向きな態度などを認め合うようにさせるためです。

　自分の意見を認めてもらえると，安心して意見を出し合うことができます。

お互いのよさを見つけ，認め合うための言葉かけ
「後でチームのMVPを発表してもらいます」（2学期）

　グループでの話し合いでは，率先して意見を出す子ども，それをしっかりメモする子どもなど，いろいろな子どもがいます。MVPの決め方は自由です。「発表しなかったけれど，よく聞いてくれたから」など，話し合い活動を通して子どもたちがお互いのよさを見つけ，認め合える関係になることをねらっています。

全員が参加者になる言葉かけ
「交流戦をします」（3学期）

　学びの質を上げるため，グループの中で役割分担をし，役割ごとに集まって学習してきたことを，自分のグループへ伝えます。ジグソー法のようなかたちです。グループ学習を活性化させ，マンネリ化しないようにするねらいもあります。学んだことをグループのみんなへ伝えなければならないので，全員を責任をもって学びに向かわせることができます。

出席者ではなく，参加者になるための言葉かけ
「なぜグループなのか？　全員参加者になれるからだ。参加者になれ」（3学期）

　少人数のグループ学習では，全員で意見を出し合わなければ，建設的な話し合いになりません。ただそこにいるだけの出席者ではなく，参加者になって積極的に意見を出し合うように促すための言葉かけです。グループ学習の意義を全員で話し合い，確認しながら進めていくことが大切だと思います。

〈江藤　希美〉

よさを学級全体に広げる言葉かけ

「○○さんの聞き方がいい。
ここに名前を書いておこう」

 ## 言葉かけのねらい

　背中を背もたれにあずけて座る，ひじをついている，体を机にあずけている，背筋を伸ばして座っているなど様々な座り方があります。

　子どもたちの座り方から，どんな印象を受けるでしょうか？　私は，子どもたちの座り方に，授業に対する意欲が見られると考えます。「先生の話を注意して聞こう」「友達と一緒に成長しよう」と思う子どもは，背筋を伸ばし，腰骨で立つように座っているのではないかと考えます。

　「○○さんの聞き方がいい。ここに名前を書いておこう」は，友達の姿をモデルとすることで，授業に対する前向きな姿勢を教室に伝えることができる言葉かけです。

　名前を板書し，価値づけることでほめられた子どもだけでなく，全員に共有することができます。1日のうちに何度も見る黒板にがんばっている子の名前を書くことで，他の子どもたちの目に何度もとまり，声をかけずともよい姿勢を意識することができるようになります。

 ## 言葉かけの場面

　授業のあいさつのときです。私が担任をしていた学級では，日直が授業の開始のあいさつをします。日直が「よい姿勢をしましょう」とあいさつの前に言います。あいさつのときは，日直のこの言葉で，クラスのほぼ全員が意識することができますが，しばらくすると姿勢が悪くなっていきます。

悪くなっていく姿勢を見たときに，どのような言葉かけをしますか？

> **よくある言葉かけ**
> 「姿勢が悪いです」
> 「背筋を伸ばして座りましょう」
> 「足を床につけましょう」
>
> **個と集団を育てる言葉かけ**
> 「○○さんの聞き方がいい。ここに名前を書いておこう」

　私は，姿勢を崩していない子どもに近づいていきました。**「Mさんは，授業が始まってからも，姿勢が崩れていません。Mさんの聞き方がいい」**と言って，黒板の左側に歩いていき，**「ここに名前を書いておこう」**と言い，名前を書きました。すると，周りの子どもたちもMさんの姿を真似し始めました。

　「背筋を伸ばしましょう。足を床につけましょう」と言葉で説明するよりも，一目でどうすればよいのか，というモデルがあるので，真似をする子どもも増えました。

　この授業の中で，姿勢が崩れる子どももいましたが，黒板に書かれている「Mさん」の名前を指さすだけで，姿勢を再度意識することができました。

　Mさんをはじめ，子どもたちは，この日，何度も黒板の名前を見ており，姿勢を崩すことは少なくなりました。

〈大西　賢吾〉

俯瞰的に学級を見る力を養う言葉かけ

「やめ！
なぜ先生がやめと言ったのかわかる人？」

💬 言葉かけのねらい

　ペア学習やグループ学習など，授業中に自由度の高い学びを保障する場を多くすると，その中で，友達に自分の考えを一生懸命伝えようとする子ども，雑談をしたりちょっかいを出し合ったりする子ども，黙ったまま会話が続かない子どもといった，様々な状態の子どもたちが見られることがあります。

　自由度が高まれば高まるほど，本来意図した友達同士で教え合ったり意見を交流し深めたりといったねらいから外れることがあります。

　そして，教師は机間指導をしながら，注意をしたり話し合いが滞っているところに行き言葉かけをしたりしていきます。いわゆる「もぐらたたき」的指導を行っていくことになるのです。

　「やめ！　なぜ先生がやめと言ったのかわかる人？」は，こうした指導が必要な子どもたちだけでなく，学級全体に現状を考え，正しい活動を促すことができる言葉かけです。

　教師の言いたいことを子どもに考えさせ，子どもの言葉で言わせることで，全員がその意味を考え行動できるよさもあります。

　また，よい状態のときにも同じ言葉かけをすることで，子どもたちは自分たちのつくりだす空気の違いに目を向けることができ，学級全体を見る目を養うことにもつながっていきます。よいところを伸ばそう，悪いところはもっとよくしたい，と子どもたちが自分たちで考えて動きだせるようになります。何度も行う対話学習ですから，子どもたちが自分で考えて行動できるようにしていきましょう。

言葉かけの場面

　2年生の算数で復習として，単元末にある練習問題を解いていたときです。早く終わった人は，友達に教えに行っていました。だんだん，合格者が増え，残りは数人になりました。すると，教える相手がいなくなった子どもたちは，教室内をうろうろし，友達と授業に関係ない話を始めました。

> **よくある言葉かけ**
> 「何をしているの！　ちゃんと教えてあげなさい！」
>
>
>
> **個と集団を育てる言葉かけ**
> 「やめ！　なぜ先生がやめと言ったのかわかる人？」

　黒板の前に行き，**「やめ！」**と言い，教室全体を見渡し，全員と目が合うのを確認した後**「なぜ先生がやめと言ったのかわかる人？」**と言いました。すると，友達に丁寧に教えていた子どもが「いらないおしゃべりをしている人がいる」や「うろうろしているだけの人がいる」と周りの様子を話してくれました。私は，「このままで，よいと思う人？　よくないと思う人？」と続けて聞きました。「よくないと思う人」と聞いたときに，子どもたちは全員手を挙げました。「友達ががんばっています。そのがんばりを応援しましょう。あなたのどんな姿が応援していることになるのか考えて動きましょう」と伝えました。関係ないことをしていた子どもたちは，動きを変え，終わっていない子どもの近くに行って教える人のサポートをしたり，静かに待つために，読書をしたりするようになりました。子どもたちをがんじがらめにしばるのではなく，子どもたちに目的達成のための最適解を考えさせることの重要性を感じた場面でした。自由度を保障しながらも，友達とともに学ぶ環境を自分たちの手で整えることを大切にしていきたいです。〈大西　賢吾〉

前のめりに学習に取り組む言葉かけ

「○○君の行為をよいと思う人？
よくないと思う人？」

言葉かけのねらい

　授業中，「ちゃんと座りなさい」や「ちゃんとしなさい」といった，子どもたちに「こうあるべき」という指導を繰り返してしまうことはありませんか。

　人が話すときはしっかり聞くことや発表するときは友達に聞こえる声で話をすることなどの学習規律は，どの子どもも安心して学習できる環境のために必要です。しかし同時に，子どもたちが，それぞれの方法で学びに向かう力をつけていくことも大切になってきます。

　子どもたちに「〜ねばならない」指導だけを行うのでは，彼らが深く思考したり，友達と一緒に学び合ったりするようになるのは，難しいのではないでしょうか。

　「○○君の行為をよいと思う人？　よくないと思う人？」は，学級全体に行為の是非を問うことで，学びに向かう際の自由度を広げたり，より学びに対する積極性を高めたりすることができる言葉かけです。学習規律も定着し，徐々に学びの自由度を広げていきたい2学期だからこそ，子どもたちが学びの舵をとれるようにしていきましょう。

言葉かけの場面

　国語の2年生の学習で「動き」を表す言葉の仲間を考えるという内容の授業をしました。たくさんの「動き」を考えさせたかったので，グループ学習

を選択しました。はじめはきちんと座り，グループの友達と意見を出し合っていた子どもたちでしたが，ある班の子どもたちが，お尻を上げたり席を立ち身を乗り出したりするようになりました。

> **よくある言葉かけ**
> 「ちゃんと，座りなさい」
>
> **個と集団を育てる言葉かけ**
> 「○○君の行為をよいと思う人？　よくないと思う人？」

　その班のそばに行き，**「やめましょう。○○君の話し合い方をよいと思う人？　よくないと思う人？」**と学級に投げかけました。

　「きちんと座っていないからよくない」と答える子どもが多くいました。しかし，その班の友達は，「でも，○○君はちゃんと話し合いに参加していたよ」と思いを伝えてくれました。

　そこで私は，「○○君はきちんと話し合いに参加しています。一生懸命に話し合ったり，意見を出したりするときにこういう姿勢になることもあるよね。一生懸命さが出ている，がんばっている姿だからよいですね。○○君のように一生懸命に話し合おう!!」と伝え，続きを促しました。すると，他の班の子どもたちも頭をつき合わせたり，みんなが紙を一緒に見られるように席を立ったりする様子が見られ，たくさんの意見が出てきました。

　一般的な学習規律ももちろん大切ですが，教師と子どもたちの間に信頼関係が築けている2学期では，学級の子どもたちがつくる空気を大切にして，学びの自由度を高めながら，多くの意見が出るようにしていきました。

〈大西　賢吾〉

あたたかい空気に包まれる教室をつくる言葉かけ

「相手のよいところを２つ，
アドバイスを１つ言いなさい」

言葉かけのねらい

　ペア学習をすると「え？　何？　聞こえん」や「それ違うやん！」という声が聞こえてくることがあります。

　授業中はもちろん，授業外でも，子どもたちは友達とかかわる機会がたくさんあります。そんな様々な場面で，コミュニケーションの指導が必要だと感じることが多くあります。

　友達に自分の思いをやさしく伝えたり，相手の気持ちを思いやって言い方を考えたりすることは，人と良好な関係を築く上で大切だと思います。

　「相手のよいところを２つ，アドバイスを１つ言いなさい」という言葉かけは，相手のプラスの面に着目させたり，相手のマイナスの面を相手の気持ちを考えながら提案というかたちで伝えたりすることができる言葉かけです。

　子どもたちは，相手のマイナスの面にはすぐに気がつき指摘できます。しかし，相手が快く受け取れる言い方はなかなかできていないことが多いです。

　さらに，よいところとなると見つけようと意識しなければ，なかなか見つけられません。

　「親しき中にも礼儀あり」という言葉にもあるように，親しくなればなるほど，相手に対する礼儀を大切にしていかなければなりません。

　２学期という学級や友達にも慣れが出始めたこの頃に，改めてペアの友達のよいところに着目させたり，相手の気持ちを考えながら伝えさせたりすることで教室にプラスの空気をつくることをねらっています。

言葉かけの場面

　私は，道徳の授業で考えを書かせた後，子どもたちに「隣の人と伝え合いましょう」と言いました。N君がペアのOさんに「なんて言っているの？聞こえない！」と強い口調で言っていました。Oさんは，恥ずかしがりやで日頃から声が小さい大人しめな子どもでした。

よくある言葉かけ
「あなたがちゃんと聞きなさい」

⬇

個と集団を育てる言葉かけ
「相手のよいところを2つ，アドバイスを1つ言いなさい」

　私は，ペア学習の途中にそのペアの近くに行き，全体に向けて**「相手のよいところを2つ，アドバイスを1つ言いなさい」**と言いました。強い口調で言っていたN君は，考えながらOさんに「よかったところは，ぼくの目を見ながら話そうとしてくれたことと，手を動かしながら話していたことです。もっと声を大きくしてくれると聞きやすいかな」と言っていました。先ほどの言葉と今回のアドバイスで伝えたいことは，声を大きくしてほしいということです。同じ内容でも，強い口調で言われるより，アドバイスとして「もっと～してみたら」と言われる方が言われた側も気をつけようと思いますよね。

　ペア学習のように，全体を見渡しにくい場面だからこそ，教師はよく子どもたちの言葉を聞き，よりよい姿を示していく必要があります。

〈大西　賢吾〉

全員で成長を目指す教室をつくる言葉かけ

「彼はＡとＢという２つの道を選ぶことができる。みんなはどっちを選ぶと思う？」

 言葉かけのねらい

　子どもたちは，日々様々な経験をします。正しい選択をすることができるときもあれば，誤った選択をしてしまうこともあります。そうやって，様々な成功と失敗を繰り返しながら，子どもたちは大きく成長していくのではないでしょうか。

　「彼はＡとＢという２つの道を選ぶことができる。みんなはどっちを選ぶと思う？」という言葉かけは，誤った行動を選択してしまい，失敗した子どもが今後どうしていくかを学級全体に聞く言葉です。その子に直接聞くのではなく，その子の周りにいる学級全体の子どもたちに聞くのです。そうすることで，誤った行動を選択して失敗してしまった子どもを孤立させず，みんなでその子の成長を見守ることをねらっています

　失敗してしまった子どもを叱り，正しい道を示すことも必要な教育です。しかし，そればかりだと，他の子どもの心に「またか」といった失敗を繰り返す子どもに対するマイナスな気持ちが出てきたり，教師にマイナスな感情を抱いたりするでしょう。

　学級全体に問うことで教師からの一方的な叱責にしないようにすることや，一人も見捨てないというさらなる学級の成長の機会とすることができます。

 言葉かけの場面

　ある年に担任した学級に明るく活発で，人懐っこいＰ君という男の子がい

ました。しかし，P君は，気になったことがあると衝動的に行動してしまうという特徴がありました。クラスの子どもたちも，その特徴をよく理解してはいたものの，ときには「またか」と思う子もいました。

　算数の時間のことです。教え合い学習中に早く終わったP君は，最初は友達に教えていました。しかしだんだん飽きてきてしまったのか，友達をつついたり，追いかけたりし始めました。

よくある言葉かけ
「何をしているんだ！　勉強中だろ！」

個と集団を育てる言葉かけ
「彼はAとBという2つの道を選ぶことができる。みんなはどっちを選ぶと思う？」

　私は，クラスの子どもたちに「**P君は，ふざけたり遊んだりせずに友達に一生懸命教えるAという道と，自分勝手に遊び続けみんなに迷惑をかけ続けるBという2つの道を選ぶことができる。みんなはどっちを選ぶと思う？Bだと思う人？　Aだと思う人？**」と聞きました。

　もちろん，どの子もAの道を選ぶと思うというところで手を挙げました。「P君，みんなも君がAの道を選ぶと思っているよ」と伝えました。その後も失敗してしまうことはありましたが，友達に教えるときに遊んだりふざけたりする行動は減っていきました。

　「この子は〜だから」と周りの子どもに思わせるのではなく，どの子も見捨てないクラスにするための言葉かけをすることで，安心した学びの輪ができ，より学級の成長速度が加速していきます。

〈大西　賢吾〉

その他の言葉かけ

友達の話し方をモデルとして意識させる言葉かけ
「○○さんの～な話し方がいい。全員ノートにそう書きなさい」
（1学期）

　発表の仕方で，子どもたちに意識させたいことはたくさんあります。意識させたいことを話型として掲示して意識させることもありますが，子どもたちは，それらを使いこなせているでしょうか。

　意識させたい話し方をした子どもがいたら，ノートに具体的に書かせることで，話し方を意識させていきます。「○○さん」という名前も書かせるため，記憶にも残りやすく，子どもたちの話し方も変わっていきます。

1日1日を大切にし，成長を促す言葉かけ
「昨日とつないで，この時間は成長したと言える人？」（1学期）

　昨日と比べることで，毎日少しずつでも成長していくことを意識させる言葉かけです。子どもたちは，学校での生活を繰り返しのように捉えがちですが，同じ日は二度とありません。そんな毎日を大切に過ごすことや昨日より少しでも成長することを意識させます。昨日と「つなぐ」からこそ，日々の成長を意識させることができます。

個性を大切にし合い，素直に言える教室をつくる言葉かけ
「○○さんらしい，○○君らしい意見を発表したのは誰でしょうか？」（2学期）

　同じ人間など一人もいません。しかし，子どもたちは，他の人と同じであ

ることで安心します。「同じです」という言葉を使えば，周りの友達も教師も納得すると思い，「同じです」と言ってしまいます。

しかし，理由をくわしく聞いたり，「あなたの言葉で教えて」と伝えたりすると「同じです」では語られなかった「その人らしさ」が出てきます。

自分で考えたことを人に伝えることで，自分の考えを相手にわかってもらいたいという意欲をもつことができます。

行動の価値を全体に広げる言葉かけ
「○○さんの～がすばらしい。そのことを□□さんは校長先生に報告に行きなさい」（2学期）

子どもたちにとって，校長先生は学校で一番えらい人だという認識であると思います。

その校長先生に，友達からよさを伝えてもらえるということは，子どもにとっては最高の出来事かもしれません。

他の子どもにとっても，その行動の価値が伝わりやすいので，さらに学級集団としての成長が促されていきます。

行動目標をもたせ，常に成長を意識させる言葉かけ
「成長のために今からどんなことに気をつけて取り組みますか？」（3学期）

教師が注意をしたり，あるべき姿について学級に話したりした後の言葉かけです。

教師からの言葉だけでなく，子どもたちに具体的な行動目標をもたせることで，さらに成長しようとする姿に変わっていきます。行動目標にすることで，ふりかえる視点が明確になります。

〈大西　賢吾〉

「一段階上がった自分」にさせる言葉かけ
「君は本当に○年生か？　□年生かと思った」

言葉かけのねらい

　子どもたちをやる気にさせたいとき，どんな言葉かけをしていますか？
「すごいね」「がんばっているね」「できたね」という言葉をよく使いませんか？　私もよく使いますが，毎日言われる方になってみるとどうでしょうか。
「『すごい』慣れ」をしてしまった子どもは，指示されたことをして満足してしまい，そこから先のことにチャレンジしなくなるのではないでしょうか？

　「君は本当に○年生か？　□年生かと思った」は，子どもたちのやる気を生み出し，どんどんチャレンジさせたいときに使う言葉かけです。子どもたちは「やる気」があると，どんどんチャレンジしていきます。今の姿を「一段階上げて」ほめると，「一段階上がった自分」になり，様々なことにチャレンジしていきます。

　学級開きをした瞬間から，子どもたちを「やる気」に満ちあふれさせてみませんか？

言葉かけの場面

　1学期のスタート，子どもたちは，新しい先生はどんな先生かな？　やさしい？　厳しい？と思いながら，教師の一挙一動に注目しています。

　さて，子どもたちは学習した漢字を一生懸命に書いています。そこで，何と声をかけますか。

112

　2年生の担任をしました。集中して一生懸命書いています。「すばらしいね」「すごいね」と言いたいところですが，「○○さんは，本当に**2年生ですか？　3年生かと思った**」と言いました。すると，上手に書けていないなと思った字をもう一度消して書き直したり，スキルの空いているところに練習したりし始めました。他の子も，どんどん真似し始めました。中には，気づいたことをメモしたり，その漢字を使った文をつくったりする子まで出てきました。「すごいね」という言葉かけだけで，ここまでいけたでしょうか。

　「3年生って，こんなことするの？」とQさんが言いました。「どんなふうにするのかなあ？」と返すと，「きっと，めちゃくちゃ丁寧に書くよ。すごいよ」とQさんは答えました。

　子どもたちは，上の学年にあこがれをもっています。「自分たちよりすごいんだろうなあ」という考えももっています。その「あこがれ」と「一緒」と思われることは，子どもたちのやる気を刺激し，様々なことに取り組むことにつながるのではないでしょうか。

〈大西　佳花〉

自信をつけさせる言葉かけ

「すばらしい。拍手の用意。もう一度発表して。拍手！」

言葉かけのねらい

　学級で1日に何回拍手が起きますか？　授業の中で何回拍手が起きますか？　拍手には，言葉ではなく，行動で，音で，相手を「認めているよ」という効果があります。

　自分の意見や言動が，学級のみんなにどう思われているかというのは，子どもたちにとって，とても重要なことです。「すばらしい」という言葉＋クラス全員の拍手の「二度ほめ」をすることで，自分の意見・言動に自信をつけていくと思うのです。また，「拍手の用意」と言うことで，クラス全員を発表に注目させることもできます。

　「すばらしい。拍手の用意。もう一度発表して。拍手！」は，クラス全員の拍手を送ることによって，子ども自身の言動に自信をつけさせることができる言葉かけです。クラス全体が「自信」に満ちあふれていれば，授業の中の意見交流も活発になるはずです。そしてプラスの空気に満ちた教室にもなるはずです。

　子どもたちが「どんなクラスになるのかな？」「〇年生は，どんな学年になるのかな？」と思っている1学期だからこそ，スタートで「自信」をつけさせていきましょう。

言葉かけの場面

　4年生の1学期の6月，算数で「テスト前に，みんなで練習問題を解こ

う！」と班でわからないところを教え合いながら，学習をしていました。

　算数が苦手なRさんは，なかなか進まず，問題を解こうとしません。ノートもほとんど真っ白のまま。すると，同じ班のSさんが，Rさんの近くに行き，一生懸命に教えます。Rさんは1問解くことができました。Sさんは「できたじゃん！」と一人で拍手をしていました。

　Rさんのあきらめずにがんばっている行動も，Sさんの仲間に寄り添っている行動も，教室に広めたいとき，どのような言葉かけをしますか？

よくある言葉かけ
「拍手をしてあげよう！」

個と集団を育てる言葉かけ
「すばらしい。拍手の用意。もう一度発表して。拍手！」

　私は，Rさんのそばに行き，突然**「すばらしい！　拍手の用意！」**と言いました。「え!?」と言いながらも拍手をする子どもたち。「どうして拍手をするのでしょう？」と聞くと，Sさんや周りの子どもたちが口々に「Rさんが，苦手なものをがんばっているから」と答えます。**「もう1問解いてみて」**と私が言うと，さっと鉛筆を持ち，もう1問解きます。その姿に**「拍手！」**と言いました。拍手の音を聞きながら，はにかんだように問題を解くRさん。一緒に解いたSさんが最後まで全力の拍手を送っていました。仲間に自分のしていることを認められることは，大きな自信になることを感じた一場面でした。

〈大西　佳花〉

「瞬間」を切り取り，全体にシェアできる言葉かけ

「あっ，今のもう一度！
写真に残しておきますね」

 ## 言葉かけのねらい

　どんなときに写真を撮りますか？　美しいもの，かわいいもの，自分の好きなもの，がんばっている人，感動した瞬間。ほとんどの場合プラスのものを残しておきたいときに撮るのではないでしょうか。学校で子どもたちと過ごしている時間を切り取れるといいなあと思うことがあります。子どもたちがした「瞬間」の行動を切り取ってクラスにシェアしたいなあと思うことがあります。「瞬間」を切り取ることができるのが写真のよいところです。

　また，子どもたちは無意識に，こちらが感動するような行動をとることもあります。「その行動って，すばらしいものだよ」と自覚させるという意味でも，その「瞬間」の写真を撮るということは有効です。

　「あっ，今のもう一度！　写真に残しておきますね」 は，子どもたちにその行動のよさを自覚させ，クラス全体にシェアできる言葉かけです。言葉かけをした瞬間もそうですが，印刷しクラスに掲示することによって，その行動のよさをクラス全体でシェアし，その行動の真似をしたり，さらによりよい行動をしたりする子どもが増えてくるのです。

　子どもたちの「プラスの瞬間」を切り取り，残しておきませんか？

 ## 言葉かけの場面

　1年生を担任した9月。集団生活にも慣れてきて，学校生活の流れがわかってきた頃です。緊張がとけ，よいところも課題になっているところも見え

てくる時期です。自分のことを優先しがちになることが多いTさんが，体育館で学年集会を開いたときに，背筋が伸びた美しい体育座りをしていました。

よくある言葉かけ
「いいですね」

個と集団を育てる言葉かけ
「あっ，今のもう一度！　写真に残しておきますね」

　そんな姿を見ると，「すごいな〜」「その姿勢，いいなあ〜」と声をかけがちですが，Tさんががんばって話を聞いているこの「瞬間」を残しておき，さらに学級に広めたいと思い，**「今の姿勢，続けてて。写真に残しておきますね」**と声をかけました。

　すると，さらに姿勢はよくなり，周囲の子も背筋がピンと伸びます。

　印刷して教室に掲示しておくと，子どもたちの言葉かけが「姿勢をよくして」から，「Tさんみたいなやる気の姿勢をしよう！」と変わってきました。Tさんも顔を上げ，話を聞くことができる回数が増えてきました。

　毎日たくさんある「感動した瞬間」を切り取ってみませんか？

〈大西　佳花〉

子ども自身に「成長」を実感させる言葉かけ
「その声は君が実力をつけた証拠です」

 ## 言葉かけのねらい

　人の声には「自信」が表れます。自信がないときは，声が小さかったり，暗かったり。自信があるときは，声が大きくなったり，はっきり言えたり。

　学級開きの当初は，声が小さい子どももいるのではないでしょうか。1学期，2学期とクラスで様々なことを経験して「成長」し，友達に認められる中で，声の大きさは変わっていきます。「自信」をもって声を出すことは大きな「成長」なのです。しかし，子どもたちはその「成長」を実感しているでしょうか？

　「その声は君が実力をつけた証拠です」 は，声に宿った「自信」を，子どもに認識させ，「成長」を実感させる言葉かけです。

　1・2学期を積み重ね，子どもたちの「成長」が爆発する3学期に使いたい言葉かけです。

言葉かけの場面

　4年生を担任したときのことです。学級開きをしたときには，素直な子どもたちですが，自分の考えを言うことは苦手というような印象をもちました。その子どもたちの中に，活発で，発言はよくするものの，声が出ていない・聞こえないわけではないのだけれど，どこかしら不安そうな声，そして不安そうな表情をするＵさんがいました。1学期，2学期と，様々な実践をする中で，クラスの中にもあたたかい雰囲気ができ，毎日楽しそうに「考え」，

試行錯誤し，みんなでクラスを盛り上げようとする子どもたち。

　Uさんもクラスを動かす中心メンバーになり，「こうしたらいいのでは？」と意見を言うことができていました。しかし，私は表情が気になっていました。

　3学期のはじめの日。5年生0学期スタートの日。「自分がどのくらい成長したと思うか」を子どもたちに聞いて，ノートに書かせました。Uさんは，なかなか鉛筆が進みません。私から見たら成長していても，Uさんは「成長している」という実感がないのかもしれないと感じました。

　「2分の1成人式」で，おうちの人に向けて合唱を披露することになりました。一生懸命に取り組むUさん。合唱こそ，声を出すことがちょっと照れくさかったり，とまどったりします。

> **よくある言葉かけ**
> 「いい声が出ていますね」
>
> **個と集団を育てる言葉かけ**
> 「その声は君が実力をつけた証拠です」

　歌い終わった後にUさんに「よく声が出ていました。**その声はあなたが実力をつけている証拠ですよ**」と言いました。それを聞いたUさんの表情は忘れられません。恥ずかしそうに，でも晴れやかですかっとした表情でした。子どもたちは「成長」を実感することができれば，様々なことに自信をもって取り組めます。「私，できてる」「ぼくってみんなの役に立っているかも？」という自己有用感をクラスの子どもたちにもってもらいたいものです。

〈大西　佳花〉

I message の最大級の言葉かけ
「バツグンにいいです。ありがとう」

 ## 言葉かけのねらい

　あなたの「ほめ言葉」の最上級は何ですか？　「すごいね」「やるじゃん」「すばらしい」「いいね」など，様々ある中で，「とっておきの１つ」って何ですか？

　子どもたちは，教師の言葉をすぐに見抜きます。「それって本気？」「いつも言ってるよね」子どもたちは教師の口癖を覚えています。

　子どもたちのがんばりに本当に感動したとき，何と言いますか？「こんなにもがんばるんだ」「こんな発想もあるんだ」と自分の予想をはるかに超えたとき，それに気づかせてくれて「ありがとう」と私は言います。「すごいね」ではなく，いつもは使わない**「バツグンにいいです。ありがとう」**という言葉によって，子どもたちは，「これってかなりすごいことなんだ」と思うはずです。

　上の立場から言う「すごいね」ではなく，フラットな立場から言う「ありがとう」のI message でのほめ言葉は，子どもたちの心に必ず響くはずです。

言葉かけの場面

　４年生を担任しているとき，毎日漢字の宿題を何パターンか決めて出していました。漢字スキルを写して練習するパターン，お手本を写すパターン，指定した漢字を練習するパターンなどです。子どもたちが，一番時間がかか

り，けれど一番楽しみにしていたのは「工夫」パターンでした。範囲のみを決め，あとは子どもたちが考えて1ページ書いてきました。「いつもより丁寧に書く」のも工夫，「字を大きく書いて，画数を書きたす」のも工夫，「その漢字を使って文を書く」のも工夫です。

　始めた頃は，連絡帳に「漢字1ページ（工夫）」と書くと，「ええっ」と言っていた子どもたちでしたが，2学期の終わり頃には，「今日工夫がいいなあ。時間はかかるけど」とつぶやくくらいでした。3学期のノートは，写真のようになりました。あなたなら何と声をかけますか？

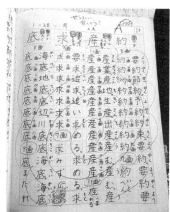
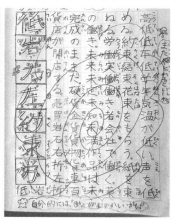

 よくある言葉かけ
「よくがんばったね」
↓
個と集団を育てる言葉かけ
「バツグンにいいです。ありがとう」

　私の予想をはるかに超える漢字の練習ノートです。宿題をしてきて「ありがとう」なんて普段言いませんが，**「バツグンです。ありがとう」**と言いました。子どもたちはびっくりした顔をしていましたが，うれしそうな表情でした。あなたのほめ言葉の「きめゼリフ」は何ですか？

〈大西　佳花〉

その他の言葉かけ

I message でほめる言葉かけ
「それいいなあ。先生，好きだなぁ」（1学期）

　自分の気持ちを伝えることをしていますか？　これも，「ほめる」です。
　「先生が喜んでいるから，ぼくたちもうれしい」と子どもたちは感じます。
子どもたちがうれしいと自分もうれしい気持ちになっていくはずです。

　このサイクルを繰り返すことで，教室にあたたかい空気が生まれていきます。学級開きをしたその瞬間から，I message をたくさん使っていきましょう。

ユーモアを交えながらほめる言葉かけ
「すばらしい。君のような○年生の子どもがまだ日本にいたなんて」
（1学期）

　「すごいですね」「よくできましたね」「さすがですね」よく聞くほめ言葉の3種類です。私もよく使いますが，ちょっと堅苦しいなと思うことがあります。たしかに教室には，がんばろうとする空気がありますが，どことなく空気がかたい気がします。ときにはユーモアを交えながら，役者になりながらほめると，教室の空気はあたたかくなります。

子ども同士をつなぎながらほめる言葉かけ
「○○さんとハイタッチしなさい」（2学期）

　言葉でほめていなくても，行動でほめていることがあります。教師が握手

をする，教師が「〇」や「グー」と手で示すなどです。拍手もそうです。

　1学期は教師と子どもの関係づくりが主になるので，「教師」がすることも多いです。2学期，子ども同士をつなげていくには，子ども同士で「握手」，子ども同士で「〇」や「グー」，子ども同士で「ハイタッチ」，子ども同士をつなぐほめ方もしていきたいものです。

書いて残してほめる言葉かけ
「今の発表をこのカードに書いてほしい」（2学期）

　「今のその言葉よかった！　それを残しておきたい！」ということがありませんか？　言語化されたものでも，非言語のものでも，子どもの「いい瞬間」「いい言葉」があるはずです。

　「それいいね」と言葉でほめることもあり！ですが，書いて残して，それを教室内に掲示しておくと，その「瞬間」その「言葉」が教室内に残ります。そして，他の子どもの目にもふれ，学級の宝になります。

教師の感動をシェアしてほめる言葉かけ
「〇〇君は〜していた。彼のそのような行為をみんなで学ぼうじゃないか」（3学期）

　次の学年を見据え，「〇年生0学期」とよくいわれる3学期。1・2学期に力をつけた子どもたちが，力を爆発させる時期でもあります。

　教師の想像を超えることが教室の中で起こりだします。集団でも個人でも，その成長を学級全体でシェアしていきたいものです。

　なぜその行為をしたのか，なぜそう言ったのか，教師が深掘りしていくのではなく，学級でしていき，次の学年へ向けて，子どもたちを伸ばしていきたいものです。

〈大西　佳花〉

個と集団を育てる365日の言葉かけ　123

ユーモアを交えて気づかせる言葉かけ

「一言言いたいことがある……心配したよ」

💬 言葉かけのねらい

　望ましくない行動についてユーモアを交えてハッと気づかせる言葉かけです。

　「ほめる」も「叱る」も，教師の行為はすべて子どもの「成長」のためのものです。菊池氏は，「叱る」ことについて，「叱るとは，負の現象からそれを正してプラスの価値づけをして，本人の成長を促すこと」と定義しています。しかし，教師が成長のために叱ったつもりでも，子どもがそれを「先生の都合じゃん」「また怒られたよ」と，その言葉を受け止め反省しようとしなければ，子どもの成長にはつながりません。

　子どもの望ましくない行動について，**「一言言いたいことがある……」**と気づきを促し，**「心配したよ」**と一言つけ加えることで，「あなたが本当はできることを知っているよ」「あなたを信じているよ」というその子に対する信頼を伝えることができます。叱られることは，誰でも嫌なものです。しかし，「心配したよ」という一言に，子どもは「自分自身が否定されているのではなく，した行動を正そうとしてくれているんだ」と安心します。

💬 言葉かけの場面

　2年生を担任して1か月ほど経ったときのことです。算数の授業が始まると同時に無言で黒板に日付を書きました。「先生が振り向くときには何人が書けているかな？」とゆっくり振り向くとほとんどの子がノートに日付を書

き終えています。「さすがのスピードだね」などとほめていると，一人の女の子がまだノートも机に出さずぼーっとしているのに気がつきました。隣の友達がそっと声をかけてくれますが自分の世界に入ってしまっているためまったく気にとめません。

よくある言葉かけ
「どうしてぼーっとしているの？　ノートを書きなさい!!」

個と集団を育てる言葉かけ
「一言言いたいことがある……心配したよ」

　私はゆっくり歩いて行き，Vさんの机の横に立ちました。Vさんは私に気がつきました。他の子たちも緊張した様子で私を見ています。「Vさん。**一言言いたいことがある……**」怒られると思ったのでしょう，不安そうな表情に変わりました。そこで私は，にこっと笑って**「心配したよ」**と言葉かけをしました。すると，Vさんはさっとノートを取り出し丁寧な字で日付を書き，私を見てにこっとしました。私が，「Vさん，しっかり切り替えられたね。次の時間も楽しみだなあ」と言うと，周りの子も，「Vちゃんえらい」とにこにこ声をかけてあげていました。次の国語の授業では，5分休みの間に日付を書き終え，得意げにこちらを見ているVさんの姿がありました。

〈伊東　大智〉

成長への願いを伝える言葉かけ
「先生は期待しない人には叱りません」

 ## 言葉かけのねらい

　叱ると同時に，「あなたの成長を願って叱るのだ」という子どもに対する教師の願いを伝える言葉かけです。

　菊池氏のセミナーの中で行われた対話で，菊池学級の子どもたちは，菊池氏について「やさしいから，厳しくしてくれている」と表現しました。また，他の厳しい先生と比べてどういうところからやさしさが伝わってくるのかという質問に，「最後にほめてくれるところ」と答えていました。

　叱るとは，「負の現象からそれを正してプラスの価値づけをして，本人の成長を促すこと」と菊池氏は定義づけています。それを，子どもたちが理解して叱られているのが伝わってきます。

　「先生は期待しない人には叱りません」と子どもたちに日々伝えることで，子どもたちは「成長を願ってくれているんだ」「成長のために叱ってくれているんだ」と叱り言葉の意味をプラスに捉え，素直な気持ちで叱られることができます。

言葉かけの場面

　3年生のクラスの雰囲気がとてもあたたかいものになってきた2学期のことです。休み時間を教室で過ごしていた数人の子どもたちから「二人が追いかけっこをしていて困った」という報告がありました。クラスのみんなが教室に戻ってくると，さっそく話し合いをしました。すると，他の子も「二人

が走ったのを見たことがある」と教えてくれました。そこで，「じゃあ，そのことを注意してくれた人？」と尋ねました。注意をした子はほとんどいませんでした。私は二人に対して，よくない行為だと伝えると同時に，クラス全体にも「どうしてクラスの仲間がよくない方向に進んでしまっているのに誰も教えてあげないんだ？　二人は君たちの仲間じゃないのか？　君たちがやっているのは仲間を見捨てているってことなんだ」と厳しい言葉で伝えました。教室はしばらくしんと静まりかえりました。泣きそうな顔をしている子もいます。

よくある言葉かけ
「次から気をつけなさい」

↓

個と集団を育てる言葉かけ
「先生は期待しない人には叱りません」

その後，ゆっくりと静かに話しました。「先生は，クラスの一人ひとり全員が大好きでとっても大切です。だから，もっともっと成長していけると思っているし，クラスももっともっとよくなると思っている。だから本気で叱るんだよ。あなたたちのことをどうでもいいって思っていたらこんなこと言わない。**先生は期待しない人には叱りません**」うつむいていた子どもたちも，力強い目で私の話を聞いてくれました。中には，「先生も，お母さんたちも私たちのために叱ってくれてるもんね！」と言ってくれる子どももいました。その後，「先生はあなたたちに期待しているけど，あなたたちはどう？」と尋ねると，子どもたちは「もっといいクラスになれる‼」とキラキラした目で答えてくれました。それから教室には，お互いのために悪いことは悪いと伝え合える雰囲気ができ，クラスは大きくレベルアップすることができました。

〈伊東　大智〉

有言実行を促す言葉かけ
「君は～と書いていた。君はうそつきか？」

 言葉かけのねらい

　目標や意思表明したことなど自分で決意したことから逃げてしまっている子どもに初心を思い出させ，強い心で有言実行することを促す言葉かけです。

　年度はじめや学期はじめ，クラスで問題が起きたときや行事があるときなど，ことあるごとにノートに今の気持ちを書かせます。子どもたちは，真剣に自分と向き合い，黙々と自分のがんばりたいこと，自分の目指したい姿などを書いていきます。しかし，時間が経つにつれてその決意も薄れ，易きに流れてしまう子どもも出てきます。そんなときに使いたい言葉かけが**「君は～と書いていた。君はうそつきか？」**です。

　自分が決意したことから逃げずにやり続けることで人は成長できます。また，自分にうそをつかずやりきったことは大きな達成感と自信を生みます。それが，これからの成長への意欲となります。

　この言葉かけにより，子どもはノートに書いた決意と現状の自分との違いに気づき，易きに流れてしまっている自分の弱さと向き合い，今一度初心にかえって有言実行していこうとする気持ちをもつことができます。また，「君は～と書いていた」と教師が覚えてくれていたことで，子どもは自分の言葉に責任をもつようになります。

 言葉かけの場面

　6年生を担任していたときのことです。W君は，運動会の応援団の練習に

毎日励んでいました。「運動会に向けて自分ががんばること」というテーマでノートを書いたときには，「毎日の練習に本気で取り組み，大きな声と本気の姿で全校を盛り上げたい」と自分の気持ちを綴っていました。

　応援合戦の全校練習がありました。W君の姿は「大きな声と本気の姿」とはかけ離れたものでした。全校児童の前で大声や真剣なところを見られるのを恥ずかしがっている様子でした。

　全校練習後，私はW君と話をしました。「今日の自分のがんばりは何点ですか」と尋ねると，「80点くらい」と答えました。もともと恥ずかしがりやなところがあるため，本人の中ではがんばったつもりだったのでしょう。しかし，応援団を機に一皮むけてほしいという思いが私にはありました。

よくある言葉かけ
「声が小さい！　それが本気の姿か!!」

個と集団を育てる言葉かけ
「君は〜と書いていた。君はうそつきか？」

　そこで私は**「ノートに『毎日の練習に本気で取り組み，大きな声と本気の姿で全校を盛り上げたい』と書いていたね……。うそつきですか？」**と言葉をかけました。W君は，うつむいて考え込んでいる様子でした。次の日，W君の日記には，「有言実行できていない自分がいた。弱い心に負けてしまっていた」と綴られており，私は「W君なら弱い自分に打ち克つことができるはず！　一緒にがんばろう！」と返事をしました。普段から，「有言実行しよう」「言葉に責任をもとう」とクラスで言葉かけをしていたので，その子にとっては強く感じるものがあったのでしょう。次の日からの応援練習では，まだ恥ずかしがる部分もあったものの，大きく変わったW君の姿がありました。また，運動会本番には，まさに「大きな声と本気の姿」を見せてくれました。

〈伊東　大智〉

確立された個として行動することを促す言葉かけ

「君は名前のない『群れ』なのか。親につけていただいた名前を捨てたのか？」

 ## 言葉かけのねらい

　友達の意見に安易に同調したり，空気に負けてよくない方に流されてしまったりした子どもに，確立された個として自分で考えて行動することを促す言葉かけです。

　子どもたちにとって，「友達」の存在はとても大きいものです。存在が大きいからこそ，子どもは友達との人間関係をとても気にします。

　しかし，人間関係を気にするあまり，「友達も言っているから」「友達もしているから」と「同じ」行動をしたり，互いの目を気にし合って自分の思いとは裏腹のことをしたりと，安易に同調したり，空気に負けて流されてしまったりすることもあります。いわゆる，「群れ」の状態です。

　そんなときに使いたい言葉かけが，**「君は名前のない『群れ』なのか。親につけていただいた名前を捨てたのか？」**です。

　小学校の学級は，子どもが遭遇する最初の「社会」です。公の場で，集団の一人として，「世界にたった一人」の自分として，人と群れることなく，自分で考えて行動できる人を育てていきたいものです。

　ただ，教室が「群れ」から一人ひとりが自分の意思をもった「集団」となるには，「自分らしくいていいのだ」という安心感が大切です。言葉かけとともに，子どもたちとともに安心感のある教室をつくっていくという気概が不可欠です。

言葉かけの場面

　4年生の担任をしていたときのことです。休み時間にX君が図書室で走り回っていて，注意しても聞いてくれなかったと数名から相談を受けました。さっそくX君を呼び出し話を聞くことにしました。担任から呼ばれたということでばつが悪そうな表情でしたが，「なぜ図書室で走ったのか」「友達の助言をなぜ素直に聞き入れることができなかったのか」という問いには「他にも走っている人がいたからつい心がゆるんでしまった」と答えました。

> **よくある言葉かけ**
> 「周りに流されるな!!」
> ➡
> **個と集団を育てる言葉かけ**
> 「君は名前のない『群れ』なのか。親につけていただいた名前を捨てたのか？」

　そこでかけた言葉が**「君は名前のない『群れ』なのか。親につけていただいた名前を捨てたのか？」**です。普段から，クラスの子どもたちにはことあるごとに「『群れ』ではなく『集団』になろう」「群れずに自分が正しいと思ったことを貫こう」と言葉かけをしていたこともあり，X君はハッとしていました。注意してくれた友達にも，自分がその場の空気に流されてしまったことや注意してくれた気持ちを蔑ろにしたことを謝りました。何日か後，その数名から，X君の図書室の使い方がとてもよくなったという報告を受けました。私は，X君に「『群れ』ではなく『集団』の一人になれたね。強い心でX君らしいX君になれたね」と言葉をかけました。X君はにこにこしながらうなずきました。　　　　　　〈伊東　大智〉

思いやりのある聞き方を促す言葉かけ
「君は○○さんを仲間だと思っていないのか」

 言葉かけのねらい

　友達の話を聞いていない子どもに，自分の聞く態度を省みさせ，思いやりのある聞き方を促す言葉かけです。

　授業をしていると，友達の発言を「なんとなく聞いている」「心が違う方に向いている」ような聞き方をしている子がいます。友達が話しているのに，まさに「心ここにあらず」の状態です。そんなときに使いたい言葉かけが，**「君は○○さんを仲間だと思っていないのか」**です。

　聞くことは学習やコミュニケーションの一番の基本です。聞くことを大切にせず，自己中心的な聞き方をしてしまっている自分の姿を省みさせるとともに，それは仲間を蔑ろにする行為だと気づかせるための言葉かけです。特に高学年は「仲間」という言葉に敏感です。

　「聞く」というのは，耳だけでなく，全身で聞くことです。身体を話し手の方に向け，視線を外さない体勢でいると，真摯に聴いているという心構えを伝えることができます。そうすると，話し手も，さらに心を込めて伝えようという気持ちになるものです。すると，言葉以外のニュアンスまで汲み取れるような深いコミュニケーションが成立していきます。「仲間」への思いやりをもって対話をしていこうという態度を育てていきたいものです。

 言葉かけの場面

　6年生の担任をしていたときのことです。レク係の子どもたちが昼休みの

レクについて説明するために前に立ちました。それまでおしゃべりをしていた子どもたちは，ほとんどの子がさっと話をやめ，レク係の友達の話に耳を傾けました。しかし，後ろの方の席の二人の子だけ，説明が始まってもこそこそおしゃべりを続けています。「聞く」ということは，学びのためだけでなく，人と人がよりよくつながるためにも大切だということを伝えたいと思いました。

> **よくある言葉かけ**
> 「ちゃんと話を聞こうよ！」
>
>
>
> **個と集団を育てる言葉かけ**
> 「君は○○さんを仲間だと思っていないのか」

　私はそっと立ち上がり，二人の方に歩いて行きました。話に夢中になっている二人に対して，**「君たちは○○君と○○君と○○さんを仲間だと思っていないのか」**と問いかけました。二人は，驚いた顔をして，「いえ，思っています」と答えました。「仲間だと思っていたらそんな聞き方はできないはずだよ」とさらに言葉をかけると二人ともハッとした顔になり，レク係の話を黙って聞き始めました。

　その日の帰りの会で，クラス全体に「聞く」ことがコミュニケーションの基本であり，学びや人間関係づくりにおいて一番大切なことであると話しました。二人は真剣な顔で話を聞いてくれました。

　二人はそれから友達が話しているときに私語をすることはまったくなくなりました。クラス全体としても，より友達の言葉を大切にし，しっかり耳を傾けようとする空気ができていきました。　　　　〈伊東　大智〉

その他の言葉かけ

公の場にふさわしい行動を促す言葉かけ
「常識レベルを上げなさい」（１学期）

　年齢相応ではない言動をしたり，学級や学校のルールをやぶったりした子どもに自分の学年や立場などにふさわしい行動をすることを促す言葉かけです。

　学校はたくさんの人がともに学ぶ「公の場」です。学校では「公の仮面」をかぶり，みんなで学び合うための「常識」を意識させたいものです。

すべての言葉かけを成長につなげる言葉かけ
「先生が前の人に話したことも聞いておきなさい」（１学期）

　私たちは子どもたちの成長を願って毎日言葉かけをします。しかし，子どもたちがその言葉を受け止めようとしなければその毎日の言葉かけも意味がないものとなってしまいます。逆に，その言葉かけを真摯に受け止めることができたなら，子どもたちは大きく成長することができます。

　子どもたちには，たとえ自分に対する言葉かけでなくても自分を省みる材料とし，よりよい自分を目指してほしい，というメッセージを贈ります。

小学生としての責任を果たすことを促す言葉かけ
「幼稚園児でもできること」（２学期）

　学級，学校のルールをやぶったり，自分本位な行動をとったりする子ども

に，自らした行動の稚拙さを省みさせ，小学生として（人として）基本的なことは自分の力でできるよう促す言葉かけです。

　あいさつや返事をする，人の話を聞く，「ありがとう」と「ごめんなさい」が言える，ルールを守る……など，「幼稚園児でもできる」ことだからこそ，自分にも，子どもたちにも粘り強く求めていくことが大切です。

失敗を成長につなげる言葉かけ
「『緊張くん』『言い訳さん』を勝手に連れてこない」（2学期）

　スピーチなどでの失敗を緊張などのせいにして言い訳するのではなく，自分の事前準備や実力の不足を省みることを促す言葉かけです。

　「失敗は成功のもと」といわれるように，失敗から学ぶことはたくさんあります。

　しかし，失敗したことを，「緊張していたから」「時間がたりなかったから」などと言い訳しては，成長のチャンスを逃すことになります。

　失敗を自分事として捉えて初めて人は成長していくことができるのです。

自分の頭で考えることを促す言葉かけ
「考えるのが人間，人間になれ」（3学期）

　周りの空気に流されたり，なんとなくの気持ちでよくないことをしてしまったりした子どもに，自分の頭で熟考し行動することを促す言葉かけです。

　子どもたちには，一つひとつのことに自分の考えをもって行動することを求めます。

　自分の考えをもち，「群れ」ではなく「確立した個」として集団の中を生きられる人を育てようという願いを込めてこの言葉を贈ります。

〈伊東　大智〉

ユーモアのある言葉で再挑戦のチャンスを与える言葉かけ

「時間を巻き戻そう！　キュルルル（時間を巻き戻す音）」

 言葉かけのねらい

　みんなの前で発表している子どもが，自分の発表している内容の間違いに気づき，動揺したり顔を下に向けたりしている場面に出会ったことはありませんか？　こんなときの子どもたちはどのような気持ちになっているでしょうか？　発表に慣れていない子どもの場合は，教室から逃げ出したい気持ちになっているかもしれません。また，発表に慣れている子どもの場合は，「もう一度チャレンジしたい」という気持ちになっているかもしれません。私は，もしも間違いであることに自分で気づいたのなら，再挑戦の機会をつくり，もう一度チャレンジさせてあげたいと思っています。

　「時間を巻き戻そう！　キュルルル（時間を巻き戻す音）」は，笑いを誘うようなユーモアのある言葉で，発表に再挑戦するチャンスを与えることができる言葉かけです。ユーモアのある言葉を使うことによって，笑いが起きて教室の空気がなごむので，安心して再挑戦できる空間をつくることができます。また，この言葉かけは，学習場面だけではなく生活場面でも活用できます。様々な場面で子どもたちががんばって取り組んだ事実に対して，失敗だと感じさせないように，教師はフォローすることが大切です。そうすることで，子どもたちは挑戦を繰り返し，達成感を味わい，さらなる成長へとまた挑戦しようとします。

　新しい学年が始まった1学期。子どもたちのがんばる姿を大切にしてあげると同時に，結果が間違っていたとしても教師がフォローすることによって，「間違ってもいいんだ」という気持ちと安心感を与えましょう。

言葉かけの場面

　新学期が始まった１学期，５年生の学級担任になりました。

　数人に意欲的に発表する姿勢が見られる一方で，「間違うのが嫌だ」「間違ったら恥ずかしい」など，発表に対して消極的になっている姿があるなと感じていました。

　算数の時間のことです。Ｙさんが小数のかけ算の問題についての説明を発表しました。発表した後，みんなの反応から自分の解答が間違っていると感じて，だんだん表情が暗くなっていきます。

よくある言葉かけ
「違います。はい，次の人」

↓

個と集団を育てる言葉かけ
「時間を巻き戻そう！　キュルルル（時間を巻き戻す音）」

　しかし，Ｙさんは発表を聞いていた周りの子どもたちのつぶやきに対して，「あっ」という表情をしました。私は，Ｙさんが自分の解答の間違いに気づき，さらに正しい解答を導き出すための考え方にも気づいたのではないかと思いました。私は，「自分で解答を導き出せそう，もう一度発表させてあげたいなあ」と思いました。

　そこで，「あれ，Ｙさん，もしかして間違いに気づいたの？」と聞くと「はい」と返事をしたので，「すごいなあ！　じゃあ，もう一度発表しよう。**さあ，時間を巻き戻そう！　キュルルル（時間を巻き戻す音）**」と言葉をかけました。教室には笑いが起き，Ｙさんはもう一度発表にチャレンジしました。その後，みんなから大きな拍手をもらい，Ｙさんは笑顔で満足そうに席に戻りました。　　　　　　　　　　　　　　　　　　　　〈大西　一豊〉

不安を少しでも取り除き，安心感を与える言葉かけ

「小学校のとき，同じ間違いをした（握手）」

💬 言葉かけのねらい

　「自分だけ」が間違っていると感じたら，不安になりませんか？　勇気を出してやってみたけれど，「自分だけ」が間違えてしまったことで落ち込んで，「もう二度としたくない」とまで考えてしまう。教室のように周りに多くの人がいる前でその不安を感じた子どもたちは，きっととてもつらい気持ちになっているだろうと思います。私は，もしも目の前にそのような気持ちになっている子どもたちがいた場合，その不安を少しでも取り除いてあげたいと考えています。

　「小学校のとき，同じ間違いをした（握手）」は，同じ間違いをした経験をもった人がすぐそばにいることを伝えて，不安を取り除き，安心感を与えることができる言葉かけです。「一人じゃないよ」「一緒だよ」と同じ間違いをした人がいることを伝えると，ほっとした笑顔を見せます。また，握手をすることで仲間であるということを伝えることもできます。周りにいる子どもたちの中には，笑顔で「いいなあ」とつぶやく子どももいました。

　次第に，教室で同じ間違いをしていた子どもたちが声を上げるようになります。すると，「間違えてもいいんだ」という前向きな気持ちになり，間違えることへの不安がやわらいでいきます。さらには，間違いを共有することを通して，間違いから正しい考え方などを学ぶようにも変化していきます。

　これから1年間，教室にはたくさんの間違いが出てくると思います。まずは，間違うことへの不安を取り除いて安心感を与えていきましょう。そして，「間違っても大丈夫，みんなで学んでいこう」という雰囲気を教室に広げて

いきましょう。

言葉かけの場面

　4年生の学級担任をしていたときのことです。

　学級会を開くことになりました。黒板書記のZさんが,「委員会」の「委」の字を「季」と書いてしまいました。すかさず,「字が違う!」「それは『季節』の『季』やん!」などのツッコミが入りました。

> よくある言葉かけ
> 「間違っているので,書き直しなさい。みんなも静かにしなさい」
>
> 個と集団を育てる言葉かけ
> 「小学校のとき,同じ間違いをした(握手)」

　Zさんは,みんなから何を指摘されているのかわからない様子でしたが,自分の漢字の間違いに気づき,あわてて書き直していました。私はその様子を見届けた後,黙ってZさんの方に歩いていきました。そして,**「Zさん,実は……,小学校のとき,同じ間違いをしたよ」**と言葉をかけ,笑顔で握手を交わしました。「『季』と『委』って似ているよね。わかるなあ。でも,間違いに気づいて,すぐに書き直したZさんはさすがですね!　昔の先生みたいだ!」と,冗談も混ぜながらみんなの前でほめました。

　すると,A君が「ぼくもこの前,宿題で間違って,全部書き直した!」とつぶやいてくれたので,私は「やっぱり,間違いやすい漢字なんだね!　仲間や!」と伝え,握手をしました。その後,全員で漢字の確認を行い,学習の機会をくれたZさんにみんなで拍手を送りました。

〈大西　一豊〉

自分の力で理解できたという達成感を与える言葉かけ

「○○さん，少しインタビューさせてほしい……」

言葉かけのねらい

子どもが，あと少しで正解にたどりつくのに，おしいところで間違っているという場面に出会ったことはありませんか？

周りで発表を聞いている子どもたちもむずむずと正解を言いたそうにしていたり，教師自身もつい正解を言いたくなったりする場面です。

私は，あと少しで正解にたどりつきそうなぐらい自分でしっかり考えたのならば，自分の力で「わかった！」「できた！」という達成感を味わえるように支援したいなあと考えています。

「○○さん，少しインタビューさせてほしい……」は，間違えた子どもに対して，インタビュー形式で話を進めながら正解に気づかせて自分で正解にたどりつかせることによって，達成感を与えることができる言葉かけです。

インタビューは，基本的にインタビューする側の質問によって進みます。だから，基本的に教師は質問形式で話していきます。教師が間違いか正解かを言わずに相手が気づけるように質問して話を進めることで，子どもは自分で理解していく過程の中で正解がわかり，達成感を味わうことができます。そのとき子どもの表情は，いつもパッと明るくなります。

ちなみに，全員の前でそのやりとりを聞かせることで，子ども同士が学び合うときのやりとりの手本にもなります。相手が問題の正解にたどりつけないとき，答えを教えるのではなく，質問を繰り返すことで答えまでの過程を学び，正解へと導くことができるような学び合いへと変化します。

言葉かけの場面

　3年生の学級担任をしていたときのことです。

　算数の時間，あまりのあるわり算の学習をしていました。授業終末の場面，子どもたちは練習問題を解いていました。Bさんが「24÷9」の答えとして，「2あまり5」と答えました。あまりの計算が間違っていて，正解は「2あまり6」です。Bさんは計算が少し苦手でしたが，私は，苦手ながらもがんばって自分で答えを導き出した部分を大事にしてあげたいなあと思いました。

よくある言葉かけ
「違います」

個と集団を育てる言葉かけ
「〇〇さん，少しインタビューさせてほしい……」

　私は，「うんうん。**Bさん，少しインタビューしてもいいかな？**」と言葉をかけました。Bさんがうなずいてくれたので，計算の方法を授業で学んだ順序で確認していきました。インタビュー形式ですので，質問を繰り返して，Bさんが答えた言葉でつないでいきます。あまりを出す段階で「そうだね，24－18だね。では，24－18の答えは何ですか？」と質問すると，「6」と答えてすぐにハッとした顔をしていました。「あっ，何か気づきましたか？」と聞くと，Bさんが「はい」と笑顔で答えました。そこで，「ようし！　それでは，24÷9の答えをどうぞ！」と言うと，Bさんは「2あまり6です！」と答えました。「正解！」という私の言葉と同時に周りの子どもたちから拍手が送られ，Bさんもうれしそうにみんなと一緒に拍手をしていました。

〈大西　一豊〉

笑顔で流して間違いを正す言葉かけ

「……さっ，ということで」

💬 言葉かけのねらい

　問題を提示したときや質問を投げかけたとき，一気に子どもたちが盛り上がる瞬間があります。私は，思わず自分の考えや思いを発言する姿は，子どもたちの授業に対する前向きな姿勢だと感じ，このような姿が大好きです。意欲的な姿だと捉えています。

　しかし，思わず自分の考えや思いを発言したけれど，内容がずれていたり，おかしかったり，間違っていることもたびたびあります。このように，発言の内容が間違っていたとき，どのように対応すればよいのでしょうか？　私は，授業規律としていきすぎた勝手な発言などは厳しく指導する必要があるとは思いますが，それ以外は，子どもたちの前向きな姿勢は大事にしながらも間違いを正して，授業展開させたいと考えています。

　「……さっ，ということで」は，子どもがとっさに発言した間違いを笑顔で流して正すことができる言葉かけです。笑顔で手ぶりや身ぶりをつけたり，逆に，真顔で姿勢を正したりするなど，状況や場面に合わせて教師がパフォーマンスを意識すると，さらに効果を発揮します。間違えた子どもも聞いていた子どもも笑顔になって，明るい空気で授業展開することができます。

　ただし，注意点が１つあります。それは，出会ったばかりの時期では「ただの無視」「話を聞いてくれない」と感じさせてしまうことです。だから，子どもたちとの信頼関係を築いた時期に使うことをおすすめします。

　思わず発言した間違いで教室の雰囲気がおかしくなったとしても，教師が笑顔で流して教室の雰囲気を明るく変え，授業を展開していきましょう。

言葉かけの場面

　3年生の理科の時間のことです。

　授業では，導入部分で本時の学習内容をめあてとして提示します。継続的に続けていると，だんだん子どもたちがめあてを予想して発言し始めます。

　前時では影踏み遊びをして考えた疑問や発見をノートに記録し，本時ではそれらをみんなで出し合おうと伝えていました。しかし，授業開始直後，冗談好きのC君が「先生！　今日のめあては『もっと影踏み遊びをしよう』ですよね⁉」とにこにこしながら言いました。C君の様子から，間違っていることをわかっていながら発言しているなと思いました。

> **よくある言葉かけ**
> 「違います。勝手なことを言いません。静かにしなさい」
>
>
>
> **個と集団を育てる言葉かけ**
> 「……さっ，ということで」

　私は，教室が静まるまで真顔で待ちました。そして，シーンとした教室でC君とじっと目を合わせながら長めに間をとった後，ふっと笑顔をつくり，**「……さっ，ということで，今日も授業を始めましょう！」** と言葉をかけ，C君の発言を流しました。C君も周りの子どもたちも一気に笑顔になって，「えー！　影踏み遊びしたかったなあ！」「この間，出し合うって決めたやん！」などの話をしていました。

　その後は，何事もなかったかのように授業を進めました。間違ったとっさの発言はさっと流して，本来の方向へと授業を展開させていきました。

〈大西　一豊〉

一人の間違いをみんなの学びに変える言葉かけ

「○○さんのおかげで学べた。何を学んだのか ノートにみっちり書きなさい」

 ## 言葉かけのねらい

　みんなの前で失敗や間違いをしてしまったときの子どもたちは，不安な気持ちやマイナスな感情をもつのではないかと思います。教室では，自分一人だけではなく，周りに他の子どもたちもいます。教室でみんなの前で失敗や間違いをして落ち込み，その姿を周りの子どもたちが見ているという状況に出会ったことはありませんか？

　私は，学校のよさとはみんなで学ぶ環境にあることだと考えています。だから，誰かがみんなの前で失敗や間違いをしてしまったときには，その子だけが失敗や間違いから学ぶのではなく，みんなが誰かの失敗や間違いから学ぶ時間にしていきたいと思っています。

　「○○さんのおかげで学べた。何を学んだのかノートにみっちり書きなさい」は，一人の失敗や間違いをみんなの学びへと変えることができる言葉かけです。

　実際に，言葉かけによって，いつも子どもたちは2種類の学びをふりかえっていました。1つ目は学習内容についてです。失敗や間違いから考え直したり学びを深めたりしていました。2つ目は，人間的な成長についてです。失敗や間違いを受容すること，あきらめずに挑戦を続けることなど，内面的なよさに目を向けていました。

　1年間の集大成でもある3学期です。失敗や間違いをした子どもだけが学ぶのではなく，学級のみんなで学ぶことができる学校のよさを生かし，さらに個と集団の両方の成長を促していきましょう。

言葉かけの場面

　4年生の学級担任をしたときのことです。

　国語の時間,「ごんぎつね」の教材を使って学習をしてきました。単元の中頃,「ごんの気持ちがガラリと変わったのはどこか?」の課題で学習を進めていました。子どもたちは教科書を読み込んで,それぞれが選んだ部分から意見をつくりだし,全体の場で出し合います。その中で,Dさんの意見が他の子どもたちにとって,明確に間違っているとわかりやすかったようです。だから,Dさんの意見に対して反対意見が集中しました。Dさんは自分の意見を納得のいくまで伝えた後,最後は間違いであることを認めました。そして,授業終末,ふりかえりを書く時間になりました。

よくある言葉かけ
「ふりかえりを書きましょう」

個と集団を育てる言葉かけ
「○○さんのおかげで学べた。何を学んだのかノートにみっちり書きなさい」

　私は,自分が納得のいくまで発表を続けたDさんの姿を価値づけ,**「Dさんのおかげでいい学びができましたね。Dさん,ありがとう。みんな,今日はDさんから学んだことをふりかえりに書いてみよう」**と言葉かけをし,ふりかえりの視点として与えました。ふりかえりの内容は,「一人だけの意見でも発表してすごかった」「違うとわかっていたけど,なんで違うのかを伝えることが難しくて,勉強になった」「最後は違うことを認めていて,素直だと思った」などがありました。最後にDさんは,「一人だったけど,納得いくまで話したからすっきりした」と話していました。　　　　〈大西　一豊〉

その他の言葉かけ

不穏な空気を明るい空気に変え，間違いに気づかせる言葉かけ
「ボブ，君だけは裏切らないと思っていた……」（1学期）

　明らかに間違った発表で「えっ……」という不穏な空気が漂ったとき，教師がとぼけることで，その場の空気を明るく変えてしまいます。そして，すぐに次へと展開させ，発表内容が間違いであることに気づかせることができます。教師や明らかに間違った子どものキャラクターによって使いどころは厳選する必要がありますが，必ず教室には自然な笑いが生まれます。

さっと流して，間違いに気づかせる言葉かけ
「今の発言は……なかったことにしよう」（1学期）

　まったく違うことを発表した子どもがいたとき，さっと流して間違いに気づかせることができます。間違えた子どもも周りの子どもたちも笑顔になります。「今の発言は」という言葉を使うことで，「またチャレンジしてね」という思いも伝えているので，次の発表前に「よし！　リベンジだ！　待ってました！」などの言葉をかけると，やる気を自然に高めることもできます。

あえて正解を教えて失敗させない言葉かけ
「おいで，おいで」（2学期）

　発表の順番がきても，答えられない子どもがいます。そんなとき，こっそり正解を教えてあげることで，答えられないことで気を落とさないように支

援します。教師の近くや廊下などに呼んで正解を教えた後，あたかもわかっていたかのように答えさせます。周りの子どもは「先生が教えた！」などと言いますが，「そんなことはしていない！」と笑顔で返しましょう。「答えられなかった」という失敗をさせないことを最優先にします。

考えの整理を一緒にしていき，正解にたどりつかせる言葉かけ
「○○君，……ギャグはいいから正解を」（2学期）

　考えの整理ができていなくて，とんちんかんな答えを言ってしまった子どもへの言葉かけです。言葉かけをした後，教師とのやりとりで順序よく話を進め，考えを整理していくことを通して，正解にたどりつかせます。正解にたどりついたら，「やっぱり，わかっていたんだね！」などと伝えることで，1つ前の発表内容に対する失敗感を消すこともできます。

みんなで学び合っている雰囲気をつくりだして，安心させる言葉かけ
「大丈夫。周りの人が助けてくれるから」（3学期）

　考えていることはあるのだけれど，失敗や間違いをおそれて一歩踏み出せない子どもたちがいます。

　そんなとき，「一人じゃなくて，みんなで一緒に学び合っているよ」というメッセージを伝えることで，背中を押してあげることができます。

　「○○さんを助けてくれる人？」と周りの子どもたちに尋ねると，必ず手を挙げてくれる子どもたちがいます。

〈大西　一豊〉

自分の意見に責任をもって発表するための言葉かけ

「黒板には握りこぶしの大きさで文字を書きなさい」

 ## 言葉かけのねらい

　授業中や話し合いのときなど，子どもたちに黒板を開放し，意見を書いてもらう機会がたくさんあります。黒板に自分の考えを書くとき，自分の意見に自信がもてなくて小さい文字になったり，自己主張が強すぎて大きい文字をでかでかと書いたりする子どもはいませんか？　文字には，子どもたち一人ひとりの個性が表れます。しかし，黒板に書くとき，見ている人に内容をしっかり伝えるためには，誰が見ても見やすい文字で書くことが必要です。

　黒板はみんなで共有して見合うものです。相手にとって見やすいかどうかを考えることが思いやりです。そこで **「黒板には握りこぶしの大きさで文字を書きなさい」** と具体的に示してあげると，整った大きさで黒板に文字を書くことができます。

 ## 言葉かけの場面

　5年生を担任し，運動会の練習をしていたときのことです。6年生は小学校生活最後の運動会を最高のものにしようと，全校児童のリーダーとして意気込み，がんばっていました。そんな中，5年生のみんなは，自分たちがどのような立場で下級生に接したらよいのかがわからず，迷って練習に身が入らない様子でした。そこで私は「運動会を通して，どのように成長したいですか？　どのような気持ちで運動会を終えたいですか？」と問いかけました。みんなハッとした表情をしていました。しっかり声を出して応援しなくて

は！　みんなで協力してがんばらなくては！　など，「〜しなくては」の部分だけに意識がいってしまい，自分たちの内面の成長まで考えていなかったからです。そこで「運動会の主役はみなさんです。みなさんが楽しめていないなら，運動会を見にきてくれるお客さんも楽しめません。もっと運動会を楽しみましょう！」と話しました。子どもたちの気持ちをほぐしつつ，前向きな気持ちで運動会に取り組んでほしかったからです。そこで，一人ひとりに「運動会を通して成長したいこと」と「自分の目標」をノートに書かせた後，黒板に書いてもらいました。「せっかくの意見です。みんなが見やすいように，**黒板には握りこぶしの大きさで文字を書きなさい**」と言葉かけをしました。

よくある言葉かけ
「小さな文字で書いたら，よく見えませんよ！　大きすぎてもいけません」

個と集団を育てる言葉かけ
「黒板には握りこぶしの大きさで文字を書きなさい」

　具体的な指示を出すことで，一人ひとりが自信をもって目標を黒板に書いて発表し，それぞれの考えを交流することができました。文字の丁寧さにも子どもたちの真剣な気持ちが表れています。　　　　　　　　　　〈江藤　希美〉

自分で考えて行動するための言葉かけ
「旅では中心から逃げません」

言葉かけのねらい

　授業中，自由に意見交流をさせると，いつも仲のよい友達としか意見交流をしない子どもや女の子同士，男の子同士で集まって，ひそひそと意見交流をしている子どもたちはいませんか？　意見交流をする相手を見つけられずに，ふらふらと時間いっぱいさまよって終わる子どももいます。このようなことは，特に高学年の子どもたちに多い気がします。

　そんなときに使う言葉かけが**「旅では中心から逃げません」**です。意見交流をあえて「旅」とユーモアを交えて話し，プラスの言葉かけで子どもたちに伝えます。中心には，教室の中央の場所と，話題の中心という２つの意味が含まれています。真剣に意見交流をしている人は，自然と相手のそばに近寄って話します。教室の隅にわざわざ行く人はいません。

　自分から積極的にいろいろな考え方の人と意見交流をすることによって，さらに自分の考えが広がったり，深まったりするのです。集団の一人として，自分で考えて行動することが，社会に出たときに通用する力になります。教師は，子どもたちの様子をしっかり観察し，子どもたちの関係性に寄り添いつつ，話題に添った話を中心で話すことの価値を伝えていきたいです。

言葉かけの場面

　５年生を担任していたときのことです。日頃から男女関係なく遊んだり，話したりしていて，男女とても仲のよい学級でした。しかし，男の子同士は

ちょくちょく小さないざこざを起こしたり，きまった数人が集まってひそひそ話をしたりする様子がありました。

　算数の授業で，それぞれの考えを自由に意見交流する時間をもちました。そうすると，教室の後ろで仲のよい数人の男子が集まって，ニヤニヤしながら話しています。明らかに，授業とは関係のないおしゃべりをしている様子でした。そんなとき，どのような言葉かけをしたらよいのでしょうか。

よくある言葉かけ
「教室の隅に集まってはいけません！　きちんと意見交流をしなさい」

↓

個と集団を育てる言葉かけ
「旅では中心から逃げません」

　思春期にさしかかり，多感な時期の子どもたちです。自分たちが納得できないことには，反発したり，こそこそと陰口をたたいたりして，逆効果になります。

　そんなときに有効な言葉かけが**「旅では中心から逃げません」**です。ユーモアを交えて話すことで，必要のない対立を避けられます。その上で，意見交流をすることのよさを学級のみんなでたしかめます。

　立ち止まって理由を考えることで，一つひとつの行動の意味を全員が理解し，共有できます。

　このような小さな積み重ねが，一人も見捨てず，学級のみんなで成長するための道をつくっていきます。はじめはうまくいかなくても，子どもたちと相談しながら教師も子どもたちも一緒になって少しずつ成長していけたらと思います。

〈江藤　希美〉

公を意識し，相手を思いやるための言葉かけ

「ペアでもグループでも 丁寧語が成長する人の常識です」

言葉かけのねらい

　学習の場面と休み時間の子どもたちの話し方は同じでしょうか？　違うでしょうか？　みんなの前で発表するときは丁寧な言葉づかいで話していても，ペアやグループとなると普段友達と話しているような話し方になってしまい，なれあいのような姿になってしまってはいないでしょうか？　いわば，公私混同している状態です。

　社会では，敬語をきちんと使える人は常識がある人として認められます。敬語が使えるということは，ここからは，公であるという境界線が理解できているので，その場にふさわしい言葉を使うことができるのだと思います。

　学習の場面は，学級全体で学ぶ公の場です。全体の前で発表する場に限らず，ペアでもグループでも友達と丁寧語で対話できるということは，相手を思いやり，相手の意見を尊重してしっかり聴くことができるという態度を示すことにもなります。**「ペアでもグループでも丁寧語が成長する人の常識です」**と言葉かけをすることで，子どもたちに「丁寧語で話すことが成長につながるのはなぜか」を考えさせます。日常生活の中で，社会（＝公の場）へつながる力をつけさせていくことが必要だと思います。

言葉かけの場面

　全校集会でコミュニケーションゲームに取り組んでいたときのことです。6年生が中心となって1～6年生の縦割り班で活動しました。1年生は，チ

ームの６年生がきたらついうれしくて，「いつも一緒に帰るお姉ちゃん！」
というような感じで甘えている子どももいました。その６年生は「ちゃんと
して！」「今は静かにして！」とお世話に一生懸命なのですが，１年生はな
かなか言うことを聞いてくれません。いよいよゲームが始まりました。「質
問じゃんけん」です。相手を見つけてじゃんけんをし，交代で質問をし合う
というゲームです。お礼を言いながらハイタッチし，新しい相手を見つけて
また同じように質問を繰り返します。６年生のリーダーが一生懸命質問をし
ていますが，１年生の子は「えー，わからん。何それ〜」といった感じで，
うまく答えてくれません。そんなとき，どうしますか？

> **よくある言葉かけ**
> 「ふざけないで，きちんと質問に答えなさい！」
>
> ⬇
>
> **個と集団を育てる言葉かけ**
> 「ペアでもグループでも丁寧語が成長する人の常識です」

　私は，ゲームの合間に，しっかりと受け答えをしてい
るペアを見つけ**「ペアでも丁寧語で話せる人が素敵です。**
相手を大事にしていますね。こんな人が成長する人で
す！　すばらしい！　みんなで拍手をしましょう」と話
しました。全校のみんなから拍手を送られ，そのペアの子どもは満面の笑み
でした。ゲームを再開すると，先程の１年生も質問に対してきちんと丁寧語
で答えていました。最後のふりかえりのときに，６年生のリーダーが「Ｅち
ゃんははじめ，うまく答えられなかったけれど，後からしっかり丁寧な言葉
で質問に答えられていて，成長しているなあと思いました」とほめていまし
た。その場に応じてすぐに丁寧語に変えて話をすることができた１年生もす
ばらしいし，忍耐強くその姿を見守り，最後まで見届けてほめてあげた６年
生もすばらしいです。

〈江藤　希美〉

心が成長する言葉かけ

「×の後の態度があなたの育ちです」

 ## 言葉かけのねらい

　学校生活を送っていると，子ども同士のトラブルがよく起こります。素直に自分のしたことを受け止めて反省できる子どももいれば，自分のしたことを素直に認められず，言い訳をしたり，他の人のせいにしたりして，素直に物事を受け止められない子どももいます。そんなときこそ，子どもと教師のつながりが大切になってくるのではないでしょうか？　教師が子どもの話を傾聴し，事実をしっかりと受け止めさせ，次へつなぐことがその子の心の成長になると思います。

　誰でも失敗したり，間違ったりします。そのとき，失敗や間違いを責めるだけでは，自信をなくしてしまうばかりです。**「×の後の態度があなたの育ちです」**は，失敗や間違いを責めるのではなく，この後どうすればよいかを子ども自身に考えさせ，失敗をチャンスに変えることができるという言葉かけです。トラブルが起きたときこそ，成長のチャンスです！　このチャンスを生かしましょう！

 ## 言葉かけの場面

　1年生を担任しました。3学期になり，2年生へステップアップするために，「どんな力をつけたらよいか」を子どもたちと話し合った後でした。学級で友達を注意し合う声がたくさん飛び交っていました。先生（私）に言われなくても，自分たちでがんばろうと，必死になっていたのだと思います。

並ぶとき，休み時間，給食の準備など，自分たちで声をかけ合ってやろうとしているからこそ，注意の声が増えていたように感じます。そんな中，友達に注意されても，素直に話を聞くことができず，言い返す……ということが何度もありました。こんなとき，どんな言葉かけをしたらよいでしょう？

> **よくある言葉かけ**
> 「自分がしたのでしょう？　人のせいにしたらいけません」
>
>
>
> **個と集団を育てる言葉かけ**
> 「×の後の態度があなたの育ちです」

　最初は自分が責められたことに腹を立てていたF君ですが，私がじっくり話を聞くと，自分が悪かったことを素直に認め，反省していました。F君に**「悪かったなあと素直に反省できるって，すばらしいことです。大事なのは，この後ですよ。次からF君はどうしたいですか？」**と言うと，F君は「今度は友達に注意されないようにしたい。注意されたら素直に聞けるようになりたい」と話してくれました。私はみんなに「F君は，自分が悪いってわかっていたよ。だけど，すぐには素直になれなかったんだって。でも，これからは，みんなに注意されないようにがんばるって言ってたよ。だから，これからもみんなで力を合わせてSA（スーパーA）を目指そうね」と伝えました。みんなは，F君の本当の気持ちがわかり，とてもやさしい顔で話を聞いてくれました。また1つ，学級のみんなの絆が強くなった瞬間でした。人それぞれ，感じ方や考え方が違います。けれど，お互いに気持ちを伝え合ったり，思い合ったりすれば，やり方は違っても，同じ目標に向かってがんばることができます。素敵な1年生だなあと心から思いました。

〈江藤　希美〉

対話力を高めるための言葉かけ
「対話ではコメントのシャワーをし合いなさい」

 言葉かけのねらい

　「対話」とは二人が向かい合って話すことをいいます。一方が話している
ときに，相手の反応がなかったり，コメントがなかったりしたら，話はすぐ
に終わってしまいます。聞き手が「いいねえ！」「なるほど」と相づちを打
ったり，「それはなぜ？」「どうしてそう考えたの？」と質問をしたりすれば，
対話もはずみ，話し手も自分の考えをより深く掘り下げて考えることができ
ます。

　ペアで対話させるときに，沈黙が続いているペアやどちらかの一方的な話
になってしまっているペアがいるときに使いたい言葉かけが**「対話ではコメ
ントのシャワーをし合いなさい」**です。対話は，①しゃべる，②質問する，
③説明するがセットです。聞き手の質問力によって，相手の考えをさらに引
き出したり，深く考えたりすることができます。コメントは，質問だけでな
く，相手の話を聞いた感想，自分の考えなど，場面によっていろいろ使い分
けることができるようになると，対話力がさらに高まります。また，「お
お！」「なるほど！」「そういうことか～！」と聞き手の反応がよいと，話し
手も自分の意図していることが伝わったとわかり，安心できます。リアクシ
ョンも大事です。この非言語の部分も大切にしたいところです。

 言葉かけの場面

　6年生の3学期です。1学期から何度もペア対話やグループ学習，意見交

流を繰り返し行ってきて，誰とでも意欲的に意見交流をすることができるようになりました。学級の空気もあたたかく，はじめは自分の考えがうまく言えなかった子どもも，自分の言葉で相手に思いや考えを伝えることができるようになってきました。そこで私は，３学期ということもあり，さらに対話力のアップを目指したいと考えました。

> よくある言葉かけ
> 「時間いっぱい話しなさい。会話が途中で途切れたらいけません」
>
>
>
> 個と集団を育てる言葉かけ
> 「対話ではコメントのシャワーをし合いなさい」

　これまでの自分たちの学びや成長をふりかえり，中学校へつなぐために，テーマは，「中学校へもっていきたい力は何か」にしました。まずは，自分で考えて，その後ペア対話を行いました。そのとき「１分間対話し続けます。**対話ではコメントのシャワーをし合いなさい**」と言葉かけをしました。「よーい，はじめ！」の合図で一斉に対話が始まりました。自分の考えを相手に伝えることはしっかりできていましたが，相手のコメントが「わかりました」「いいですね」など同じような言葉になってしまい，対話が途中で続かなくなっているペアもいました。そこで，「コメントのシャワーをし合うためにはどうすればよいか」をみんなで考えました。「き（きっかけ）く（苦労）こ（心に残ったこと）よ（よかったこと）ね（願い）」など，質問をたくさん入れるとよいということを確認しました。ペアを変えてやってみると，今度は大いに盛り上がりました。友達の考えを深く知ることができ，とても充実した時間になりました。　　　　　〈江藤　希美〉

その他の言葉かけ

自分で判断し，全力で行動する言葉かけ
「移動のスピードを最大にしなさい」（1学期）

　学校生活の中では，隣の友達と話し合う，話し合いを終えて前を向く，グループで話し合う，教室を移動するなど，みんなで一斉に行動する場面がたくさんあります。

　移動のスピードが遅いために，学習時間が削られたり，子どもたちの集中力が途切れてしまったりしては本末転倒です。

　移動のスピードが速くなると，学びのスピードも速くなります。

　誰かに言われて行うのではなく，瞬時に自分で判断し，全力で行動できるような力をつけていくことが大切です。

新発見につながる深読みをするための言葉かけ
「1分間読みます」（1学期）

　音読をさせるとき，一度読んですぐに終わる子どもはいませんか？

　その場合，ただ文字を目で追い，声を出して読んでいるだけで，内容は何も理解できていない場合があります。

　「何か気になるところはあった？」と尋ねても「え？　ない」という答えが返ってきます。

　これでは，音読をした意味がありません。

　1分間集中して読み続けることで気づくことがたくさんあります。何度も繰り返し文章を読み味わうことの楽しさに気づかせたいです。

適した行動を自分で考えるための言葉かけ
「円になるのです」（2学期）

　自由に意見交流させるときやチームに分かれて話し合いをするとき，教室のすみっこでひじのつき合いをしたり，休憩時間のように数人で雑談をしたりしている子どもはいませんか？　そんなとき「ここに集まって！」と声をかけてくれるリーダー的存在の子どもにまかせっきりにするのでは，群れているだけで，集団にはなりきれていません。「円になるのです」と言葉かけをすることで，話し合いに適した円になることの大切さを考えさせます。集団の一人として，自分で考えて行動できる力をつけさせたいです。

ポジティブ思考になる言葉かけ
「打たれ強くなりなさい」（2学期）

　うまくいかないことがあっても，落ち込むのではなく，前向きに反省できる心の強さがあれば，次につなげられます。いつもポジティブな考え方をしていると，どんなことがあっても他人や周りの環境に振り回されることがなくなり，自分に自信をもてるようになります。前向きな言葉かけで，子どもの背中をそっと押してあげたいですね！

自分で考えて判断し，行動する言葉かけ
「回路がつながっていますか？」（3学期）

　ぼーっとしていてあいさつができていないなど，学びの準備ができていない状態のときに使う言葉かけです。子どもの様子を客観的な視点からユーモアを交えて「回路」と例えています。忘れ物をしても，どうすることもなく黙り込むのではなく，どうすればよいのかを自分で判断し，すぐに行動できる子どもたちを育てたいです。

〈江藤　希美〉

あたたかいプラスの空気をつくる言葉かけ
「拍手をしよう」

 ## 言葉かけのねらい

　互いを認め合うあたたかい雰囲気は，みんなが成長する学級の土台となるものです。しかし，学級がスタートしたばかりの頃は，子ども同士のつながりも薄く，冷たくかたい雰囲気であることも少なくありません。この言葉かけは，拍手を送り合うことで，学級の中にあたたかいプラスの空気をつくることをねらいとしています。

　1学期は「今年はがんばるぞ」と，どの子も新しい気持ちでスタートする時期です。同時に，「クラスの友達は自分のことを受け止めてくれるかな」と不安に思う時期でもあります。例えば，発表ひとつにしても，はじめは「みんなの前で意見を言うのは怖いな」「間違っていたらバカにされないかな」と不安に思う子どももいます。そんなとき，自分の発表に対してみんなが拍手を送ってくれたら，「発表してよかった」「自分のことを受け止めてもらえた」と感じることができると思います。

　「拍手をしよう」の言葉かけは，お互いの素敵な姿を認め合うことを促し，「この学級で1年間がんばっていけそう」という安心感を学級の中につくることができます。さらに，「いつでも・どこでも・誰にでも拍手」のような「拍手の文化」が1学期に根づけば，2学期，3学期は求めなくとも学級に自然と拍手がわくようになります。そのような安心感のある学級の雰囲気だからこそ，子どもたちは自分を成長させようと，前向きに取り組めるようになると思います。

言葉かけの場面

　4年生を担任したときのことです。新学期の始業式で，クラスに転校生を迎えることになりました。そのとき，転校生がどこに座るかわからなくて困っていました。すると，Gさんが，整列している自分の場所から立ち上がり，その子を迎えに行って「ここだよ」と教えていました。

　教室に帰ってきて，「4年生のスタートの日から友達をサポートできるGさんはやさしさのかたまりだね。**拍手をしよう**」とみんなで拍手をしました。Gさんは一瞬驚いたような顔をした後に，ニコッとうれしそうに笑っていました。

> よくある言葉かけ
> 「ちゃんと拍手をしなさい。もう一度やり直し」
>
> 個と集団を育てる言葉かけ
> 「拍手をしよう」

　教師からほめられることもうれしいかもしれませんが，やっぱり子どもにとって友達から認められることはもっとうれしいようです。しかし，「拍手をしなさい」で「させられる拍手」は，拍手される人も，する人も，誰も幸せにしません。教師も含めたみんなでするから**「拍手をしよう」**なのです。

　また，「今日一番の大きな拍手を！」「指の骨が折れる一歩手前の拍手！」など，拍手の前につける言葉を工夫したり，「スタンディングオベーションで拍手！」「指先で○○さんをねらって拍手！」などジェスチャーを工夫したり，思わず拍手したくなる雰囲気づくりも意識したいです。拍手で教室の温度を上げて，プラスの空気をつくっていきましょう。

〈岡本　徳子〉

細やかさ，丁寧さを意識させる言葉かけ

「細部にこだわろう」

言葉かけのねらい

「神は細部に宿る」という言葉があります。細かなことを疎かにしては大きなことはなし得ない，という意味です。「細部にこだわろう」の言葉かけは，細かなことも大切にし，丁寧に取り組ませることをねらいとしています。

4月は，新学期の新鮮な気持ちや適度な緊張感があいまって，学級には前向きに学ぼうとする雰囲気があります。しかし，「魔の6月」といわれるように5月の連休明けから学級が落ち着かなくなったり，ダラダラと間延びして学級が停滞した雰囲気になったりすることがあります。授業中，「なんとなく読む」「なんとなく書く」「なんとなく話し合う」。「なんとなく○○」があふれる教室には，「なんとなく」の成長しかありません。そのような「なんとなく」ではなく，もてる力を発揮して，もっと成長してほしいと思うときはありませんか。**「細部にこだわろう」**は，細やかさや丁寧さに目を向けさせ，「なんとなく○○」から脱却させることができると思います。

言葉かけの場面

5年生を担任したときのことです。国語の説明文の単元で「筆者が一番伝えたい一文はどれか」という課題で自由討論をしました。子どもたちは自由に立ち歩きながら友達と意見を交流しましたが，話している内容は「①だと思う」「どうして？」「終わりに書いてあるから」「そっか，わかった」のように明確な意見や根拠がなく「なんとなく」の話し合いでした。

私は，「なんとなく読んで話し合うのではなくて，１つの言葉，一文字，**細部にこだわろう**」と言葉かけをしました。

　子どもたちはもう一度文章に立ち返り，キーワードに印をつけたり，辞書を引いたりと，自分の考えを再構築していました。

　その後，討論を再開しました。すると「①だと思います。理由は文末に『だ』の一文字があるからです。『だ』は主張の文末表現です。筆者の主張を伝えたいからこそ文末に『だ』を使っていると思います」「ぼくは②だと思います。文末だけでは決めることはできないと思います。②の文の中には，これまで何度も繰り返し使われているキーワードが何個も入っています。だから②です」のように，「なんとなく」ではなく，文章の細部にこだわった話し合いがなされていました。

　他にも生活経験を引き合いに出したり，前の単元の例を挙げたり，さらに発展的に考える子どもも出てきました。その様子を見るとなんだかウキウキしていて，意見を交わし合うことを楽しんでいるようでした。

　「細部にこだわった」ことでお互いの意見が明確になり，その結果，しっかりかみ合った議論をすることができていたと思います。かみ合うと楽しい，そして前よりレベルアップした議論をしていると実感しているように感じました。子どもたちが，文章の細部に宿った「学びの神様」に出会った瞬間でした。

〈岡本　徳子〉

「今」できることを大切にさせる言葉かけ
「待ちません。発表しなさい」

💬 言葉かけのねらい

　授業の中ではスピード感が大事です。スピード感があると，授業にリズムやメリハリが生まれます。反対にスピード感がないと，「ダラダラ話す」「ダラダラ書く」のように，生産性の低い，やる気のない授業になります。この言葉かけは，子どもに適度な緊張感をもたせ，今すべきことに全力を出すことをねらいとしています。

　菊池氏は，4月の最初の頃に「先生は遅い子を待つと思いますか？」と子どもたちに問いかけるそうです。多くの子どもが「待つ」と考えるようです。菊池氏は「待ちません。遅い人を待っていたら，ずっと遅いままです。だから待ちません」ときっぱり宣言するそうです。1年先の成長した姿を目標にして，「今，この瞬間」の努力を大切にする。そんな意識をもたせたいときに使いたい言葉かけが，**「待ちません。発表しなさい」**です。

💬 言葉かけの場面

　5年生の道徳の学習で，モラルジレンマ教材を使って討論をしました。子どもたちは登場人物の心情に寄り添いながら「えー，どっちかなぁ」と迷っている様子でした。時間がきて，全体で意見を交流することになりました。一人ずつ発表していると，Hさんが「先生，まだ途中です」と言いました。課題に取り組んではいるのだけれど最後まで終わっていない。こういう場面よくありますよね。みなさんはこういうときどんな言葉かけをしますか？

よくある言葉かけ
「じゃ，もう少し時間をとります」

個と集団を育てる言葉かけ
「待ちません。発表しなさい」

　Hさんは，日頃から自分の意見をきちんともつことができる子でした。しかし，発表に関してはやや消極的なところがありました。そんなHさんに，私は**「待ちません。発表しなさい」**の言葉かけをしました。Hさんは一瞬とまどったようでしたが，ノートを持って話し始めました。はじめは書いていることを読み上げていましたが，書いていることを読み終わったとき，Hさんはノートを置いて，アドリブで話し始めました。自分の経験を交えて話すなど，Hさんらしさが出ている発表でした。私は，「時間内に間に合うように考えを書くことは大事。だけど，Hさんは，たとえ書き終わっていなくても，それでもなんとかしようとアドリブで話した。ここが大事。アドリブ力のあるHさんに拍手！」と話しました。

　「子どもに失敗させたくない，完璧に準備が整ってから取り組ませたいと考えて，『石橋をたたいて渡らせる』のは，子どもの成長の妨げになるかもしれない。たとえ，万全の準備ができていなくても，できたところまでで，発表することでつく力，開花する力がある」。私は，そんな気づきを得ることができました。「子どもの力を過小評価しない」「どんな発表でも，受け止め，認める」スタンスを大事にしたいと思います。

〈岡本　徳子〉

相手軸に立った話し方を意識させる言葉かけ

「出す声で話そう」

言葉かけのねらい

　意見を言う。スピーチをする。説明をする。授業の中で，言葉を使って自己表現する場面はたくさんあります。この言葉かけは，自然と，無意識的に口から「出る声」ではなく，相手に伝えることを意識した「出す声」で話すことをねらいとしています。

　学級の実態にもよりますが，人前で話すのが苦手な子ども，うつむきながら自信がなさそうに話す子どももいます。私はいつも1学期に，コミュニケーションゲームなどを取り入れながら，楽しく声を出す経験をたくさんさせます。そして，声を出すことに慣れてきた2学期あたりから，「相手に伝える」という相手軸に立った話し方を意識させていきます。菊池氏が「声でその人の実力がわかる」と言っているように，例えば声の大きさひとつをとっても，どれだけ相手を意識しているかがわかります。**「出す声で話そう」** の言葉かけは，子どもたちに自分の話し方を「自分軸→相手軸」に発展させる意識をもたせることができます。

言葉かけの場面

　4年生のIさんは人前で話すことが苦手でした。1学期，Iさんが朝の会の司会の当番になりました。小さな声でしたが，途中で投げ出さず，責任をもって，毎朝一生懸命司会をしていました。

　声を出すことに慣れていない子どもは，最初は，適切な声で話せません。

そこで教師が「もっと大きな声で」と追い打ちをかけると，子どもはどうなるでしょう。萎縮してかたまってしまったり，話すことにもっと苦手意識や抵抗感をもったりしてしまうのではないでしょうか。私はＩさんが自信をもって話せるようになるまで待とうと思いました。「いいよ。Ｉさん。ちゃんと聞こえたよ。がんばったね」と努力を認める声かけをしました。

> よくある言葉かけ
> 「聞こえません。もっと大きな声で話しなさい」
>
> 個と集団を育てる言葉かけ
> 「出す声で話そう」

　話す経験，聞いてもらう経験を積み，Ｉさんは少しずつ人前で大きな声で話せるようになってきました。2学期の児童会選挙で，Ｉさんが立候補者の応援演説をすることになりました。そこで，さらに成長してほしいと思った私は**「出す声で話そう」**と言葉をかけました。その言葉かけは，Ｉさんにとって，セリフを覚えて話すのではなく，「聞いている人に伝えよう」という意識の転換につながったようでした。演説を伝わりやすくするために，さらに大きな声を出すようになりました。声のトーンも上がり，聴きやすくなりました。その話す姿からは，自信と話すことを楽しんでいる様子が伝わりました。Ｉさんの努力が花開いた瞬間でした。その後「3年生のときと比べて成長したなと思うのは誰？」と学級の子どもたちに聞くと，満場一致で全員が「Ｉさん」と答えました。「啐啄」の言葉のように，教師は子どもが成長するチャンスや機会をしっかりと見定め，スッと子どもの背中を押すような言葉かけをすることが大切だと改めて思いました。

〈岡本　徳子〉

現状打破を促す言葉かけ
「運動量を増やそう」

 言葉かけのねらい

　授業で運動をするのは体育だけではありません。他の教科でも「読む」「書く」「話す」など，目を動かす，手を動かす，口を動かすような「運動」の場面がたくさんあります。

　「運動量を増やそう」という言葉かけは「運動量を増やす」ことで，子どもの学びの成長スピードをさらに加速させ，活動のギアを1段階上げた姿をイメージさせることをねらいとしています。

　私は学生時代に剣道をしていました。そのときに「守破離」という言葉に出会いました。まず，教わった型を徹底的に「守」ることから始め，次に自分に合った型を探すためにそれまでの型を「破」り，さらに型にとらわれることなく「離」れて，新しいものを生み出すという意味です。

　基本練習ばかり続けていても強くはなりません。自分の得意技をさらに磨く練習をしたり，弱点を補う練習をしたり，自分なりに考えて練習するからさらに上達するのです。物事の上達のステップを考えるときに，私はいつもこの言葉を思い浮かべます。

　成長スピードがさらに加速する2学期や3学期に，「守」ばかり続けていても，大きな成長はありません。「現状維持は衰退の始まり」です。

　この**「運動量を増やそう」**という言葉かけは，自分なりの方法で取り組んだり，新しい方法を探したりすることによって，自分で自分をステップアップさせるきっかけをつくる言葉かけです。

言葉かけの場面

　5年生の国語で新出漢字の練習をしたときのことです。その際，読み方や筆順を覚えるように個人練習の時間をとっていました。1学期に，漢字練習の取り組み方については指導していましたが，そのやり方に慣れてくるとマンネリ化し，手を止めボーッとしている子どもも出てきました。みなさんは，そんなときどんな言葉かけをしていますか？

> よくある言葉かけ
> 「ボーッとしないでどんどん覚えなさい」
>
> 個と集団を育てる言葉かけ
> 「運動量を増やそう」

　私は，全員に手を止めさせ，**「運動量を増やしましょう」**と言葉かけをしました。すると，子どもたちはそれぞれに言葉の意味を捉え，余白に漢字をいくつも書いたり，読み方を覚えた熟語にチェックを入れたり，工夫して練習に取り組み始めました。また，余白に書いた漢字の「量」，覚えた熟語のチェックの「量」が達成感につながったようで，「先生，ドリルが字で黒い！」とうれしそうに見せてくれました。

　しかし，そのやり方も慣れてくればやはりまたマンネリ化すると思います。そのようなときには，「運動量をもっと増やすにはどうしたらいいかな？」と子どもに尋ねてみるのもいいと思います。例えば漢字練習であれば，「黒の上から赤で書く」「熟語を使って短文をつくる」「鉛筆を両手で持って書く😊」など，子どもたちなりのアイデアが出されると思います。「守」から「破」「離」とステップアップするのを後押ししつつ，楽しみながら運動量を増やしていきたいですね。

〈岡本　徳子〉

その他の言葉かけ

積極的に学ぼうとする姿勢を後押しする言葉かけ
「彼女は知的好奇心がある」（1学期）

　「○○ちゃん」ではなく「彼女」という呼び方をされると，子どもは，「先生は，自分のことを子どもではなく，一人の人として扱ってくれている」と感じることができます。

　また，「知的好奇心」という大人が使うような難しそうな言葉でほめることによって，より一層効果を高めることができます。

　例えば，「えらい」を変換して「賢い」や，「物知り」を変換して「博士」など，ほめる言葉かけを，子どもが言われてうれしい言葉に変換してみましょう。

丁寧さを継続させる言葉かけ
「丁寧さと根気強さがポイントです」（2学期）

　スピードや量を求めていくと，ついつい適当にすませたり，ざぁっと書いてすぐにやめてしまったりする子どもが出てきます。

　スピードも量も大切ですが，それだけすれば満点ではありません。

　また，丁寧に取り組むためには，それを支える根気強さが必要です。

　「丁寧さ」と「根気強さ」はセットです。

課題に対する思考を深めさせる言葉かけ
「今，考えるときです」（2学期）

　授業中，集中力が切れていたり，「ふんふん，わかった，わかった」と安心しきって学びが停滞したりすることはありませんか。

　この言葉かけは，「今，何をするときか」を改めて問いかけることで思考の深化を促すことができます。

　「いつ考えるの？　今でしょ」です。

「考える」を行動化させる言葉かけ
「考えるは，分けるです」（3学期）

　「考える」とは，物事の特徴を理解し，整理・分類できることです。

　意見や理由を出して，考えたつもりになって，子どもたちの思考が停止していることがあります。

　そこからさらに，特徴を探したり，類別したりしていく過程を経てこそ，正真正銘の「考える」と言うことができます。

集中力を高めさせる言葉かけ
「一発勝負です。競馬と一緒です」（3学期）

　「うまくいかなくてもやり直せばいいや」と「一発勝負。やり直しはない」とでは，子どもたちの意識や取り組み方は全然違います。

　「一発勝負」として，あえて退路を断つことによって，子どもたちの集中力を絶大に高めることができます。

　「競馬」を例にしているのは菊池氏のユーモアです。例えば「東京オリンピック100m走決勝」など，タイムリーな例にしても楽しいですね。

〈岡本　徳子〉

五感に働きかけ気づきを促す言葉かけ
「鉛筆の音だけにして感想を書きましょう」

 ## 言葉かけのねらい

　教室全体がしんと静まりかえり，一人ひとりが集中して静かに思考を深める時間をつくることをねらって使う言葉かけです。教室全体が自分と向き合う空気になっていると，集中力がぐっと高まります。しかし，対話して考えを出し合った後，熱い気持ちが冷めず，話が止まらなくなってしまう子が数名いるなんてことはありませんか？

　そんなとき，進んで「静かな空気をつくる」のは，集中して考えをまとめようとしている仲間たちへの思いやりでもあり，チームとして短い時間を有効に使おうとする学習への意気込みが表れてくるところでもあります。「静かな空気」は学び合える安心な教室をつくります。その時間を日常的に集団としてつくれるようになると，「さあ集中！　がんばっている友達がいる。私も書くぞ」とやる気のスイッチも自然に入ってくるのです。

 ## 言葉かけの場面

　4年生の国語の授業終末，「ごんぎつね」の最終場面で「目を閉じたごんが，兵十に言いたかったことをお手紙にして書こう」という活動をしました。「何を書いていいかわからない」「どうしたらいいの？」と考えがまとまらない子どもたちの中，「書くことがわかった」「思いついた」とノートに向かう子が出てきました。一人二人三人……と鉛筆を走らせる子が増えてきたときに，落ち着いてこう言ってみました。**「鉛筆の音だけにして感想を書きまし**

ょう」

　静かにさせたい気持ちが先行し，「しゃべらないで」「席に着く」「黙って書きなさい」と注意を立て続けにしてしまうと，これ自体がノイズになってしまい，子どもの静かな思考をじゃましてしまうことになります。

よくある言葉かけ
「私語しないで，黙って書きなさい」

個と集団を育てる言葉かけ
「鉛筆の音だけにして感想を書きましょう」

　「黙って書きなさい」という威圧的な強い言い回しより，「鉛筆の音だけにして」というやわらかい指示の方が，子どもに届きます。この言葉を聞いた一人がハッとして耳をすませ，鉛筆の音しかしないことに気づきました。そして，友達がこんなに一生懸命鉛筆を走らせているのだから，「ぼくも書こう」と自分から進んで書き始めたのです。

　五感に働きかけ，気づきを促す言葉かけは，子どもの心にすんなり届きます。教師の指示を子どもが落ち着いて受け止められたとき，子どもは素直に，「この静けさをじゃまして悪かったな」「今は書くときなのだ」と内省することができるのです。子どもたち自身が，教室のよい学びの雰囲気をつくれるようになると，集団として書く活動の力もぐんと高まります。「怒られるから静かにする」のではなく，静かにすると鉛筆の音だけになって集中できるという事実は，子どもたちに自然と力をつけていきます。子どもが集中して活動したくなる言葉かけを，教室を学びの場とするプロとして常に心がけていきたいものです。

〈松永　久美〉

視点を広げて考えをひねり出す言葉かけ
「感想は『3つあります』で話します」

 言葉かけのねらい

　授業の終末には，思考を整理する習慣を身につけたいものです。その時間につかんだことを言語化しようとするとき，「〜できて，よかったです」「〜は，すごいなと思いました」という感想だけではなく，短い時間でいろいろな視点から考えをつくりだしてもらいたい場合に有効な言葉かけです。

　授業をふりかえる際，脳の内側で言葉をあれこれ探しながら，ぴったりな文章を即座につくっていくのはとても難しい作業です。ありきたりの意見から脱せず，子どもたちの思考が煮つまってしまったとき，どうしますか？そんなときに使うのが，**「感想は『3つあります』で話します」**です。

　なんとなくふりかえるのではなく，「3つあります。1つ目は〜。なぜかというと……だからです」「2つ目は〜」「3つ目は〜」という話し方を意識することで，考えるポイントが絞られます。話す人も聞く人も，聞きやすくわかりやすくなるのです。また，何をどう話してよいかわからない子にとっては，自分なりの考えをつくりやすい言葉かけです。

 言葉かけの場面

　1学期終盤の学級活動で，**「今学期の授業をふりかえって，感想は『3つあります』で話しましょう」**と無茶振りをしました。1つ目と2つ目は，自分にとってどんな学びがあったかについての気づきを出していく子どもが多いと感じます。さて3つ目となると，それ以上思いつかなくなり，「2つで

いいですか先生。もう思いつきません」言ってくる子が出てきます。

「みんなが仲良く助け合いができるようになりました」「楽しくできてよかったです」

ふりかえりとして悪くない感想だけれど、ここでもうひとふんばり、違う意見を聞きたいところですよね。

このとき、短時間で頭をフル回転させて、クラス全体に目を向けた視点で感想を語ってくれた子がいました。

「最後の3つ目は、ちょっと違うことかもしれないけれど、この1学期はみんなで進んできたということです。話をすることが多くなったので、一人ひとりバラバラじゃなくて、みんなで毎日一歩ずつ進んできたなあと思います」

視点を変えてみると、違った気づきを新たに発見することがあります。「あーなるほど。たしかにそうだね」と、あちこちから共感の輪が広がっていきました。

3つ目の新しい気づきは、学びを豊かにしてくれるきっかけになります。**「3つあります」**と言うことで出てきた発見や気づきの分かち合いから、思いがけず、クラス全体の深い学びを得ることができるのです。

〈松永　久美〉

短時間で学びをふりかえらせる言葉かけ

「感想を30秒テキパキスピーチで
隣と話しなさい」

 ## 言葉かけのねらい

　授業終末のふりかえりで，すぐに話ができるようになるための言葉かけです。考えて言葉を探すのではなく，頭に出てきたキーワードを素早く文章化して声に出すことで，その時間の学びの意味を短時間で自分に問い直します。

　インプットが多い授業の終末に，30秒でもアウトプットする時間をつくると，「今この時間にどんなことを感じたのだろう？」とその時間の経験をふりかえることができます。その気づきをアウトプットすることこそ，経験を学びにかえる行為なのです。子どもたちは30秒という限られた時間の中で，「何か話さなきゃ」という緊張感を感じつつも，その焦りを楽しみながら思いを伝え合える力をもっているのです。

言葉かけの場面

　4・5年生の教室では，ほぼ毎時間の授業の終末に，「今日の授業はどうでしたか？」と問いかけるペア対話を取り入れ，その時間考えたこと，体験したことをふりかえるようにしています。

　例えば，算数の単位量あたりの大きさの授業後には「とても難しくて自分だけではわからなかったけど，友達の説明を聞いてだいぶわかってきたので，次の授業ではできるようにがんばりたい」といった声が聞かれました。

　また，道徳の授業で「本当の友達とは？」というテーマで議論を進めた後のふりかえりなどでは，最後まで重く真面目な雰囲気のまま終わることもあ

ります。教室の空気は煮つまり，意見が出ないまま終わってしまう，そんなことはないですか。授業終末で雰囲気を重くしたまま終了するのではなく，教師の一言で学びの雰囲気を軽く戻していくのです。

よくある言葉かけ
「感想を隣の人と話し合いましょう」

個と集団を育てる言葉かけ
「感想を30秒テキパキスピーチで隣と話しなさい」

　短時間のふりかえりで思いを共有し合うと，互いの労をねぎらい合うようなあたたかい空気になります。

　それに加え，教師が**「30秒でテキパキスピーチを！」**と促すと，思考もフル回転＋発言するスピードもアップしなければならなくなります。

　活動自体がゲーム的な要素をもつので，メリハリのないだらだらした感想の言い合いよりも，勢いよく学びを進め深めることができます。集中力を発揮して言葉を交わし合う30秒で，思いがけない本音が出てくることもあります。

　深刻になりすぎることなく，隣の友達と気軽に感想を言い合えるこの30秒で，「〜は難しかったね」「〜はおもしろかったね」と思いを言語化し合うことで，参加したという実感を得ることができます。

　また，その時間の学びの意味もクリアになり，すっきりした気持ちで授業を終えることができるのです。

〈松永　久美〉

全員参加の学びのプロセスを評価する言葉かけ

「今日は○○さんのおかげでいい勉強ができた。ありがとう」

 ## 言葉かけのねらい

　「わからない」という一言が，子ども同士の対話を白熱させていくことがあります。思い通りに進まないときこそ，教室全体の学びを深めていくチャンスなのです。

　授業についていけずにかたまってしまう子を目の前にしたとき，そばにいる教師と周りの子どもはどう動くでしょうか。そこが大きな分かれ道になります。安心を感じる場でないと，本音は出せませんよね。

　迷っている子は恥をかきたくないのです。「わかりません」と言えるのは，周りのみんなを信頼しているという土台あってのことなのです。その関係性こそが授業を生き生きとしたものにしてくれます。

　学びの時間は，子ども同士が本気でわかり合おうとする議論で深まります。このかかわり合いから腹に落ちる納得が生まれ，本当の深い学びが成立していくのです。このことに気づかせるために**「今日は○○さんのおかげでいい勉強ができた。ありがとう」**という言葉を使います。

 ## 言葉かけの場面

　5年生の算数の時間，分母の違う2つの「帯分数−帯分数」の計算問題で，「どうしたら解けるかな？」と投げかけた際，「わからない」と頭を抱えて動けなくなった子がいました。そのとき，すでに理解できていた子どもたちが「よし！　みんなで解決していこう」と本気になりました。「黒板を使っても

いいですか？」と前に出たＪ君は，ピザの数で分数を表し，図を描きながら説明し始めました。

　「ピザが２分割されたものと３分割されたものはすぐには引けないので，まず双方を６分割にカットして引きます。そうすると簡単に分子だけ引く計算で答えを出すことができます」

　Ｊ君は異なった分母のカット線を増やして通分を図で示し，最後には誰もが納得の「仮分数－仮分数」に式をつくりかえたのです。

よくある言葉かけ
「わからない人は『わかりません』ときちんと言いましょう」

個と集団を育てる言葉かけ
「今日は○○さんのおかげでいい勉強ができた。ありがとう」

　この見事な説明が終わると，「Ｊ君すごい」「ありがとう」「すごくわかりやすい」という声とともにどこからともなく自然と拍手がわき起こりました。

　きっかけは，一人の子の「わからない」というつぶやきです。そのきっかけがあったからこそ，クラス全体の学びの理解が深まり１つになれたのです。そこで心をこめてこう言いました。「**今日は○○さんのおかげでいい勉強ができました。ありがとう**」

　何か問題にぶつかったとき「わかりません」と言うのは大人でも勇気のいることです。課題を前にして立ちすくんでいる友達を置き去りにするのではなく，みんなで知恵を出し合って一緒に学びを深めていこうとする真摯な空気が，対話的な授業には欠かせません。

　探求することをあきらめない空気は，一人の子のつぶやきから始まります。

　一人の発言が授業に貢献していることを伝える教師の言葉かけは，全員参加の授業が加速していくきっかけになっていくのです。

〈松永　久美〉

<table>
<tr><td>授業終末</td><td>時期
1学期</td><td>時期
2学期</td><td>時期
3学期</td></tr>
</table>

学びを実用化するための言葉かけ
「次につながる感想を書きましょう」

 ## 言葉かけのねらい

授業を受け，その時間で話し合ったことをそれだけで終わらせず，その内容を自分のものにして，今後よりよくしていく活動につなげようというねらいをもった言葉かけです。

授業で対話的な深い学びができたとしても，それをどう実用化するかが明確になっていないと，話し合ったことは日常とつながらないまま終わってしまいます。

どんなことを感じたのか，そのことを次にどう実用化していくのかを，授業の終末に考える時間を確保しまとめておくと，そのアイデアは実践知として残っていきます。

 ## 言葉かけの場面

小学校全校でのレクリエーションとして，縦割り班でドッジボール大会を行いました。

とったボールを順に渡して，全員が参加するチャンスをつくります。キャーキャー言いながら逃げ回るスリル満点のチームワークレクです。

終わりの会では，司会者がゲームをし終えた子どもたちに「どうでしたか？」と聞きます。

ここで，「おもしろかったです」「楽しかったです」「またやりたいです」などのおきまりの言葉しか返ってこないということがあります。

また「勝ってうれしかったです」「負けてくやしかったです」など，勝ち負けにこだわった感想で終わってしまうということもよくあります。

　子どもたちには，「こう言っておけば大丈夫」という型が定着しているのかなと感じることもあります。

　もっといえば日常的に，深い質問をされる経験があまりなく，実用的にふりかえることに慣れていないのではないでしょうか。

よくある言葉かけ
「今日の授業で思ったことを書きましょう」

個と集団を育てる言葉かけ
「次につながる感想を書きましょう」

　「思ったことを書きましょう」と言われて「楽しかったです」と書いたのに「他にないのですか？」とダメ出ししてしまうと，発表への意欲は下がってしまいます。

　「次はどうしたい？」「次につながる感想は？」と聞くと，「次は最後まで走れる体力をつけておきたいので，しっかり栄養のあるものを食べて身体を強くしたい」「次は勝っても負けても，いい経験になったと思えるくらい，みんなとしっかり協力したい」などの意見が次々に生まれてきます。

　結果の善し悪しではなく，経験したプロセスに学びや気づきを得られるふりかえりは，次の活動につながる知識と工夫となって活用されていくのです。

〈松永　久美〉

その他の言葉かけ

話し手の意見をまとめる言葉かけ
「キーワード3つで感想を書きなさい」（1学期）

　授業終末，その時間の学習に対して自分なりの考えをまとめるときには，重要な語句を使って感想を言わなければ，まとめとしての論点がぼやけてしまいます。

　先にラベリングをして感想を組み立てておくと焦点化され，論点が明確になり，その内容が伝わりやすくなるのです。

プロセスをふりかえる言葉かけ
「なぜうまくいったのか書きましょう」（1学期）

　なぜうまくいったのかがわかれば，そのこと自体が授業の実践知となり，力となって定着していきます。

　自分が見つけて自分が書いた気づきは活用できる知恵として残ります。そして自分自身で気づいたことは忘れないのです。

次につなげる言葉かけ
「次にもっとよくするためのアイデアを書きましょう」（2学期）

　授業で学んだ内容をふりかえり，これから取り組む行動を具体的なアイデアとして書いておくと，子どもたち自身の力になりやすいです。

　自分でよくするためのアイデアを考えることで，実用化へのモチベーショ

ンも高まります。

書く意欲を高める言葉かけ
「今までの○年生には休み時間も感想を書いていた人がいました」
（2学期）

　ノートをとりながら新たな発見に対する知的感動がしばらく冷めないことがあります。

　あふれ出てくるその言葉をメモしておけば，そのときの思いは確実に残るので安心です。

　忘れたくないという一心で夢中になって書いている子どもは，今このときの貴重な学びを逃すまいと必死になっているのです。

学びのふりかえりを促す言葉かけ
「学び方を反省するのではありません。テーマについて書くのです」
（3学期）

　「友達のおかげで理解することができました」という学び方の感想にとどまるのではなく，授業の学習のテーマについて思考し，気づき発見することがあったのかどうかについて，自分自身でチェックすることが大切です。

　学びを習慣化するためのスキルを上げていくことにつながります。

〈松永　久美〉

【著者紹介】

菊池　省三（きくち　しょうぞう）
愛媛県出身。「菊池道場」道場長。
小学校教師として「ほめ言葉のシャワー」など現代の学校現場に即した独自の実践によりコミュニケーション力あふれる教育を目指してきた。2015年3月に小学校教師を退職。自身の教育実践をより広く伝えるため，執筆・講演を行っている。

菊池道場大分支部（きくちどうじょうおおいたしぶ）

大西　賢吾（大分県公立小学校）
大西　一豊（大分大学教育学部附属小学校）
松永　久美（大分県別府市立東山小学校）
大西　佳花（大分県公立小学校）
岡本　徳子（大分県宇佐市立四日市北小学校）
伊東　大智（大分県佐伯市立渡町台小学校）
江藤　希美（大分県公立小学校）

〈本文イラスト〉
富田　朋子

菊池省三　365日の言葉かけ
個と集団を育てる最高の教室

2021年4月初版第1刷刊　©著　者	菊　　池　　省　　三
	菊 池 道 場 大 分 支 部
発行者	藤　　原　　光　　政
発行所	明治図書出版株式会社

http://www.meijitosho.co.jp
（企画）茅野　現（校正）嵯峨裕子
〒114-0023　東京都北区滝野川7-46-1
振替00160-5-151318　電話03(5907)6702
ご注文窓口　電話03(5907)6668

＊検印省略　　　　　組版所　株　式　会　社　カ　シ　ヨ

Printed in Japan　　　　　ISBN978-4-18-317328-7

もれなくクーポンがもらえる！読者アンケートはこちらから　→